KB154062

문제는 근대다

문제는 근대다

한국 근대의 문화적 의미

최 범

기파랑

나의 근대 공부와 사상적 전회

　대학원을 다니던 1980년대 후반 한국 사회에 포스트모던 담론이 밀려왔다. 인문학을 공부하던 나는 새로운 사상을 흡수하기 위해서 낯선 제목의 책들과 씨름했다. 하지만 포스트모던 담론은 당시 나의 지적 수준으로는 이해하기 어려웠고 내 삶의 실존과도 아무런 연결점을 찾을 수 없었다. 나는 당혹감과 함께 낭패감이 휩싸였다. 명색이 학문을 한다면서 현대의 신사상을 이렇게 알지 못하면 어떻게 하는가 하고 말이다. 고민 끝에 나는 우회의 길을 모색하기로 했다. 모던에 대해 공부하기로 한 것이다. 왜냐하면 포스트모던은 곧 모던 이후를 의미하는 것이기에, 포스트모던을 제대로 알기 위해서 모던부터 공부해보자는 심산이었다. 그렇게 나는 포스트모던을 알기 위해서 모던으로 거슬러 올라갔다.

　그러면서 나는 모던, 즉 근대야말로 내가 이제까지 배우고 살아온 세계임을 재삼 확인할 수 있었다. 포스트모던을 이해하기 위해서 모던을 공부했지만 모던에 대한 이해를 통해서 나는 세계와 한국 사회를 더 잘 이해할 수 있게 되었다. 아이러니한 소득이었다. 그리하여 나는 점점 근대 공부에 빠져들었다. 그런데 갈수록 한 가지 이상한 점을 느끼게 되었다. 내가 살고 있는 한국 사회의 외형과 공식적인 모습은 분명 근대라는 형태로 이루어져 있는데, 실제 경험하는 한국 사회의 속살과 내면이라고 할까, 일상적인 모습은 뭔가 그와 다르다는 사실을 점점 눈치채게 된 것이다. 물론 어느 사회든지 공식적인 부문과 비공식적인 부문이 있게 마련이고 제도와 일상 사이에는 일정한 괴리와 불균형이 존재한다. 하지만 한국 사회의 경우 그 간극은 간단한 것이 아니었다. 처음에는 바늘구멍만 해 보였지만 시간이 갈수록 점점 커져 황소구멍만 해진 그것은 도저히 하나의 관점과 담론으로는 설명할 수도 봉합할 수도 없는 지경에 이르렀다. 나는 다시 당혹감과 함께 낭패감에 휩싸였다. 이것은 무슨 상황인가.

두 번째 균열은 그렇게 시작되었다. 모던과 포스트모던의 균열 이후에 나는 다시 한국 사회는 물질적으로 근대화 되었지만 정신적으로는 아직 전근대적이다는 사실을 깨닫게 된 것이다. 이후 나의 관심과 공부는 온통 이 문제에 집중되었다. 그러면서 근대는 결코 단일하지 않고 거기에도 다양한 층위와 지형이 있다는 사실을 알게 되었다. 서구적 근대와 식민지적 근대, 원형 근대와 이식 근대, 단일 근대와 다중 근대 등. 이제 문제는 근대 자체가 아니라 한국 근대, 정확히 말하면 한국 근대의 특수성이었다. 한국 근대는 서구 근대와 어떤 면에서

같고 어떤 면에서 다른가. 세계사적 근대와 한국사적 근대가 맺고 있는 관계는 무엇인가. 이것은 단지 제국과 식민지, 제1세계와 제3세계의 관계로 이해하면 되는 것인가. 이러한 생각들은 꼬리를 물고 이어졌고 나의 근대 공부도 시간의 켜를 더해갔다.

이 책은 이러한 한국의 근대와 근대성에 관한 나의 공부와 성찰의 결과이다. 30여 년간 시각예술 분야의 평론가로 활동하면서도 내 관심의 근저는 한국의 근대와 근대성에 꽂혀 있었다. 아니 시각예술 비평조차도 사실 한국 근대연구의 일환이었다. 정확하게 말하면 내게 시각예술은 한국 근대를 바라보기 위한 매체에 지나지 않았다. 나는 시각예술 속의 한국 근대성을, 한국 근대 속의 시각예술을 읽어내기 위해 노력했다. 그래서 나의 비평은 미술, 디자인, 공예 등 무엇을 다루든지 간에 언제나 사실상 한국 근대 비평이었다. 그러고 보면 포스트모던으로부터 촉발된 나의 근대에 대한 관심은 긴 우회를 거쳐 지금 이렇게, 시각예술조차도 넘어서 다시 근대 자체로 돌아온 셈이다. 나는 시각예술 평론가이기 이전에 한국 근대연구자였던 것이다.

이러한 역정(歷程) 속에 지난 시기 문재인 정권을 겪으면서 커다란 사상적 전회를 경험하기도 했다. 나는 대략 대학과 대학원을 다닌 1980년대 10년, 민중문화운동에 투신한 1990년대 10년, 시민문화운동에 참여한 2000년대 10년을 합친 30년간 좌파 지식인의 정체성을 가지고 살아왔다. 나는 한국의 식민지적 근대의 현실에 대해서 그 누구보다도 비판적이었다. 하지만 문재인 정권을 통과하면서 좌파의 정체성에 커다란 의문을 갖게 되었다. 586으로 대표되는 이들은 과연 좌파인가. 나는 한국의 좌파란 무엇인가에 대해 깊이 고민했다. 그 결과 도달한 나의 결론은 한국 좌파는 사회주의자도 민족주의자도 아닌 전근대 집단이라는 것이었다. 아니 좌파가 말하는 사회주의는 사실상 중세 농촌 공동체가 모델이며, 민족주의는 전근대의 종족을 준거집단으로 하는 것이었다. 한국 좌파는 바로 전근대문명의 담지자임을 확인했던 것이다.

그리하여 나는 한국 사회의 기본 모습이 계급 모순도 민족 모순도 아닌 전근대와 근대의 문명 모순이라는 사실을 통감했다. 근대주의자인 나는 더 이상 좌파일 수 없었다. 이로써 극도로 혼란스러웠던 나의 생각은 일단 정리될 수 있었고 한국 사회를 보는 나의 관점도 근본적으로 달라졌다. 굴곡 속에서도, 이 시대를 살아가는 비판적 지식인의 한 사람으로서 이렇게 30여 년간 바로 내가 살았던 시대인 한국의 근대를 어떻게 볼 것인가 하는 문제에 매달려왔다. 돌이켜보면 나의 시각예술 비평과 사회운동과 근대연구는 사실 하나로 이어지는 인식과 실천과 사유의 연속적인 과정이었던 것이다. 사상의 전회 역시 이러한 과정의 산물이었다고 할 수 있다.

2022년부터는 문제의식을 같이 하는 몇몇 분들과 함께 '서래포럼'이라는 한국 근대연구 모임을 만들어 같이 공부하기 시작했다. 이 책에 실린 글의 많은 부분은 바로 이러한 활동의 결과로 쓰여진 것이다. 한국 근대에 대한 나의 관심은 기본적으로 문화적인 것이다. 전공이 그쪽이다 보니 그런 것도 있지만, 갈수록 물질보다도 문화의 결정성에 대해 주목하게 된다. 이는 자연스레 문화보다 더 상위인 문명에 대한 관심으로 나아갔다. 근대 자체가 하나의 문명이기 때문에 당연하다면 당연한 것이지만. 그래서 나의 문화론은 문명론과 뗄 수 없고 문명론으로의 상승과 하강을 통해서 점점 구체화되었다. 특히 한국 근대문화에 대해서라면 문명론을 제하고 논할 수 없다는 생각이 견고해졌다. 한편 문화, 그중에서도 나의 전공 영역인 시각문화는 한국의 근대를 구체적인 감각으로 보여주는 그 시각적 실증성 때문에 한국 근대문화 중에서도 매우 특수한 위치를 갖는다는 사실도 재인식하게 되었다. 이렇게 문명은 문화, 문화는 시각문화와 관계를 맺으면서 상호작용하는 것이리라.

이 책은 2부로 구성되어 있다. 1부가 한국의 근대와 문화에 대한 것이라면, 2부는 한국 근대의 시각문화에 관한 것으로서 기존에 쓴 시각예술 분야의 비평 중에서 책의 주제와 연결되는 세 편을 골랐다. 1부에서의 논의가 개념적이고 이론적이라면 2부는 국가 상징, 미술, 건축 등 시각문화 분야에서의 구체적인 사례를 통해서 한국 근대성의 문제를 비판적으로 짚는다. 그런 점에서 2부는 1부와 나란한 구성이라기보다는 그것을 보완하는 부록에 가깝다고 할 수 있다. 1부에 실린 글들은 처음부터 하나의 줄기를 잡고 쓴 것이 아니고 이런저런 모임에서의 필요에 따라서 제출된 것이기 때문에 겹치는 내용이 적지 않다. 각 원고마다 전체적인 구성의 필요성 때문에 불가피하게 반복

된 부분이 없지 않으니, 그 점 독자의 양해를 구한다.

　나는 역사 전문가는 아니다. 그럼에도 불구하고 한국의 근대를 살아가는 한 사람으로서 나의 전문 영역은 물론이고, 그를 넘어서는 시각에서 한국의 근대와 근대성에 대한 공부를 정리해서 내놓는다. 한국의 근대와 근대성에 대한 연구는 분야를 넘어서 지금 이 시대, 즉 한국의 근대를 사는 모든 이들에게 주어진 과제가 아닐까 싶다. 이 시대를 살아가는 한국의 지식인 그리고 대중과 함께 이 문제를 고민해봤으면 하는 마음이다. 마지막으로 이제까지 열 권이 넘는 책을 출판하면서 많은 편집자를 만났지만 박정자 선생님과 같은 선배 인문학자를 편집자로 뵙게 될 줄은 꿈에도 생각하지 못했다. 더할 나위 없이 깊고 명징한 조언이 큰 도움이 되었음을 감사드린다.

2023년 가을

최 범

2장. 한국 근대 시각문화의 현실

1장

한국 근대의 문화적 의미

한국의 근대와 문명전환

-'해방전후사'에서 '개항전후사'로

문명의 도전과 응전

아놀드 토인비는 역사를 문명의 도전(challenge)과 응전(response)의 과정이라고 했다. 문명의 중심부가 아닌 주변부에 속한 한국의 역사는 도전보다는 응전의 경험이 훨씬 더 지배적이었다. 과거 중국이라는 중심부 문명의 도전에 응전해온 것이 한국의 고대사와 중세사라면, 지난 한 세기 반에 걸쳐 서양이라는 또 하나의 중심부 문명의 도전에 응전해온 것이 한국의 근대사였다. 이런 관점에서 보면 결국 한국의 문명사적 성취는 중심부 문명의 도전에 얼마나 잘 응전해왔는가에 따라서 엇갈릴 수밖에 없다. 따라서 그러한 도전에 어떤 때는 잘 응전하고 또 어떤 때는 그렇지 못한 것이 한국의 역사였음을 부정할 수 없다.

그런 관점에서 볼 때 한국의 근대사를 서구 근대문명의 도전에 대한 나름의 응전 과정으로 이해할 수 있다. 그렇다면 지금 현재 우리에게 필요한 것은 지난 150년간의 응전 과정을 되짚어보면서, 이러한 과제를 앞으로 어떻게 잘 수행해나갈 것인지를 고구(考究)해보는 것이 아닐까 싶다. 이를 일단 한국의 근대문명화 과정이라고 부르기로 하자. 그러면 이제 우리가 해야 할 일은 한국의 근대문명화 과정의 구체적 의미와 함께, 이 시점에서 지난 경과를 평가해보고 향후 방향을 검토해보는 일이 될 것이다. 물론 문명화 과정이란 놀라울 정도로 복잡하고 거대한 변화인 만큼 그 전모를 제대로 살피는 일은 결코 쉽지 않다. 그러나 우리는 최대한의 지략을 발휘하여 그것을 관찰하고 분별하고 제시하는 일을 게을리 하지 말아야 할 것이다. 이영훈 교수의 이런 말도 역시 동일한 관점에서 나온 것일 터이다. "20세기의 한국사는 이러한 외래 문명이 들어와 우리의 오래된 전통문명과 상호작용하면서 나름의 형태로 정착하는 과정이었습니다. 다시 말해 전통문명과 외래 문명이 충돌하고 접합하는 문명사의 대전환 과정이었습니다."[001]

한국의 근대

근대는 역사 개념이자 문명 개념이다. 먼저 근대는 고대, 중세, 근대라는 서구 역사의 통상적인 시기 구분의 하나이다. 근대는 대략 16세기 무렵 중부 유럽에서 출현한 하나의 새로운 역사 시기를 일컫는다. 그러니까 근대는 원래 서양사에서 나온 것이다. 그런데 이처럼

001　이영훈, 『대한민국 이야기』, 기파랑, 2007, 318쪽

근대가 고대나 중세와 구분되는 역사 시기인 것은 당연히 근대가 고대나 중세와 다른 시대적 특질과 이념, 삶의 방식을 갖기 때문이다. 그런 점에서 근대는 문명 개념이기도 하다. 그러니까 역사를 구분하는 기준은 여러 가지가 있을 수 있는데, 최상위의 기준은 문명이라고 할 수 있다. 문명은 최상위의 역사 단위이다.

문명(civilization)은 문화(culture)와 마찬가지로 매우 다의적인 개념인데, 그런 만큼 문명과 문화의 구분 역시 간단하지는 않다. 하지만 조동일의 다음과 같은 구분은 받아들일 만하다. "사람이 살아가면서 이룩한 가치관 및 그 실현 방식 가운데 포괄적인 성격의 상위 개념이 문명이고, 개별적 특성을 지닌 하위 개념이 문화이다. 문명은 여러 민족이나 국가가 공유한다. 문화는 민족이나 국가 또는 집단이나 지역에 따라 특수화되어 있다. 그러면서 문명과 문화는 공존하고 서로 영향을 준다."[002] 조동일의 개념은 문명과 문화의 관계를 이해하는 데 매우 유용하다. 한마디로 문명이 보편이라면 문화는 특수라는 것이다.

이런 관점에서 보면 근대는 역사이자 문명으로서, 좀 더 정확하게는 인류 역사상의 한 '역사적 문명'이라고 할 수 있겠다. 조동일에 의하면 문명은 문화보다 상위 개념인 만큼 문명으로서의 근대 역시 여러 민족이나 국가, 지역이 공유하게 마련이다. 고대, 중세, 근대라는 역사적 구분과 마찬가지로 문명도 통상 고대문명, 중세 문명, 근대문명으로 나뉘는데, 조동일은 진정한 의미에서의 보편성을 가진 문명은

002　조동일, 『동아시아 문명론』, 지식산업사, 2010, 21~22쪽

중세부터라고 말한다. 그는 중세 문명의 특징이 공동 문어(文語)와 세계 종교라는 두 가지이고, 이를 통해 보편적인 가치관이 형성되고 그러한 가치관을 공유한 지역이 일정한 문명권을 이뤘다고 본다. 한문과 유교·불교에 기반 한 동아시아 문명, 아랍어와 이슬람교에 기반 한 이슬람 문명, 라틴어와 기독교에 기반 한 중세 유럽 문명 등이 그것이다.[003]

이렇게 보면 근대는 그보다 훨씬 더 넓은 범위에서 보편성을 가진 문명이라고 할 수 있다. 그러니까 근대문명이라고 하는 것은 원래 유럽에서 발원한 것이지만 그것이 시간이 지나면서 점차 유럽 이외의 지역으로 전파되어나갔고, 마침내는 전 세계를 대상으로 하는 하나의 세계 문명이 되었다는 것이다. 그런 점에서 몇 개의 문명권으로 나뉘어져 있던 중세 문명에 비해 근대문명은 그 범위와 보편성이 훨씬 더 확장되었다고 할 수 있다. 이처럼 유럽의 근대문명이 다른 지역으로 전파되고 공유되는 과정을 근대화(modernization) 또는 세계화(globalization)라고 부를 수 있겠다. 그러니까 근대화는 곧 세계화인 것이다.

이에 대해서 김덕영은 이렇게 말한다. "근대화는 다양한 구조적·문화적·심리적·물리적 요소들이, 그리고 자연에 대한 인간의 이해와 태도가 서로 연결되어 변화해온 복합적인 과정으로서 인간 삶의 전 영역을 포괄한다. 시기적으로 보면 근대화는 중세 후기인 대략 1500년대부터 시작되어 아직도 진행되고 있는 장기적인 역사적 과정이다.

003 조동일, 16쪽

그러므로 이 시기 이후에 전개된 인간, 사회, 문화, 역사 및 인간과 자연의 관계에 대한 철학적·과학적 인식과 사유는 어떻게 보면 모두 근대, 근대화, 근대성에 대한 논의라 볼 수 있다.[004]"

그는 다시 근대문명이 세계화되는 과정에 대해서 이렇게 말하고 있다. "...근대는 서구에 한정된 것이 아니다. 그것은 모든 지역과 국가를 포괄하는 전(全) 지구적 과정이자 세계사적 흐름이다. 쉬무엘 아이젠스타트가 적확하게 지적했듯이, 근대는 개별적인 문명이며 근대화는 하나의 개별적인 문명화 과정이다. 이 근대라는 문명은 자신을 다른 문명과 구별해주는 공통된 특징을 갖고 있는데, 이 특징은 근대라는 문명을 담지하고 실현하는 각각의 사회가 처한 구체적인 역사적·사회적 배경과 상황에 따라 다른 방향과 방식으로 발전한다."[005]

일단 근대가 하나의 역사 개념이자 동시에 문명 개념이라는 것, 그리고 이러한 근대가 세계화되는 과정이 곧 지난 500년간 세계사였다는 점을 확인하면서, 그러면서도 근대는 각 지역별로는 개별적인 문명화 과정으로 경험되게 마련이라는 것이다. 한국의 근대 역시 이러한 역사적 과정의 일부로서 이해되고 설명되어야 할 것임은 말할 것도 없다.

004 김덕영, 『환원근대』, 도서출판 길, 2014, 43쪽
005 김덕영, 68쪽

한국의 근대화에 관한 이론

한국사에서 근대는 논쟁적이다. 한국의 근대는 근대라는 세계사적 사건이 한국화되는 과정이자 동시에 한국이 세계사적 근대에 편입되는 과정이기도 하다. 이는 곧 한국이 중세 문명에서 근대문명으로 이행하는 것을 의미한다. 말하자면 문명 전환이라고 할 수 있는데, 앞서 언급한 것처럼 문명이 인간 삶의 최상위 단위라면, 이 변화는 다른 어떠한 변화보다도 근본적이며 급진적인 것일 수밖에 없다. 따라서 이러한 변화를 이해하고 설명하는 이론 또한 매우 다기할 수밖에 없다. 김덕영은 한국의 근대화에 관한 이론을 크게 세 가지로 구분하고 있다. '내재적 발전론'과 '식민지 근대화론' 그리고 '압축적 근대화론'이다.[006]

내재적 발전론은 한국 사회가 내재적 힘과 요인만으로 근대화를 이룰 수 있었다고 보는 관점이다. 내재적 발전론은 자본주의 맹아론이라고도 불리는데, 조선 후기부터 자본주의의 싹이 텄는데, 다만 일제의 식민 지배로 인해 그 싹이 밟힘으로써 근대 자본주의로 발전하지 못했다는 것이다. 내재적 발전론은 소위 일제 식민사학의 조선 사회 정체론(停滯論)에 대한 반발로 조선 사회 내부의 자발적 가능성을 크게 강조한다. 하지만 내재적 발전론은 정작 주장과는 달리 서구 자본주의의 발전 경로를 그대로 따르면서 다만 그것을 한국 사회 내부에서 찾으려고 했다는 점에서 사실 여부 이전에 비주체적인 관점이다.

---

006 김덕영, 72~83쪽 참조

그러므로 "내재적 발전론으로는 한국의 근대화 과정과 자본주의 발전 과정을 제대로 파악할 수 없다. 근대와 그 일부분인 자본주의는 외부 세력과 별개로 한국의 내재적인 힘과 요소에 의해 발생한 것이 아니라 서구에서, 그러니까 외재적인 힘과 요소에 의해 발생한 것이다. 그러니까 한국의 근대화 과정과 자본주의 발전 과정은 이 서구의 근대와 자본주의를 받아들여 변형하고 재구성한 역사다. 그것은 내재적인 것과 외재적인 것이 상호작용을 한 역사다."[007] 강한 민족주의적 경향에 의해 제기된 내재적 발전론은 결국 이러한 비판에 직면하여 파산하게 된다.

한편 식민지 근대화론은 식민지를 통해서 근대화가 이루어졌다고 보는 관점이다. "식민지 근대화론에 따르면, 조선은 스스로의 힘으로 자본주의를 창출할 능력을 가지고 있지 않았다. 또한 일제의 착취는 단순한 수탈이 아니라 개발을 통한 착취였으며, 바로 이를 통해 식민지 시대에 자본주의가 발생하고 발전할 수 있었다. 그리고 이 식민지적 자본주의는 1960년대 이후 한국 자본주의가 눈부시게 발전하는 데 밑거름이 되었다"[008]는 것이다.

내재적 발전론이 내적 측면에서, 식민지 근대화론이 외적 측면에서 근대의 발생에 주목하는 관점이라면, 이와는 달리 한국 근대의 현상과 결과에 주목하는 입장으로 압축적 근대화론이 있다. 압축적 근대

---

007 김덕영, 74~75쪽
008 김덕영, 75~76쪽

화론은 말 그대로 한국의 근대가 서구와 달리 시간과 공간 모두에 걸쳐 단축과 압착의 과정을 겪었다고 보는 것인데, 김덕영은 장경섭의 연구를 그 예로 들고 있다.[009] 이외에도 한국 근대의 특징으로 '혼종적 근대성(hybrid modernity)'을 드는 경우도 있는데, "한국의 근대성은 말하자면 동서양 문명의 특별한 방식의 이종교배의 산물이다[010]"라는 장은주의 관점이 그렇다. 장은주는 한국의 근대성을 아예 유럽적 근대성과는 다른 '유교적 근대성'이라고 규정하면서 이러한 혼종적 근대성이 빚어낸 문제들을 해결하는 것 역시 서로 다른 근대성(중층 근대성)[011]의 현실을 인정하는 가운데에서 찾아야 한다고 주장한다.

이제까지 살펴본 한국 근대에 대한 논의들은 크게 근대의 발생 원인이 내적인가(내재적 발전론) 외적인가(식민지 근대화론) 하는 것과 그 양상과 내용이 어떠한가(압축적 근대화, 혼종적 근대화)에 따라서 구분된다. 이는 모두 근대의 어떤 측면에 주목하는가에 따른 구분이며, 그런 만큼 그 문제 인식과 해법에서도 차이점을 보인다. 한국 근대에 대한 이해 역시 이러한 관점들의 스펙트럼 내에서 각기 자리 잡고 있다.

근대화에 대한 반응: 수구와 개화

근대화에 대한 반응은 크게 두 가지이다. 거부하거나 수용하거나.

---

009   장경섭, 『가족, 생애, 정치경제: 압축적 근대성의 미시적 기초』, 창비, 2009.
010   장은주, 『유교적 근대성의 미래』, 한국학술정보, 2014, 204쪽
011   중층 근대성 이론은 근대를 서구 단일 구조로 보지 않고 다양한 기원과 전개에 주목하는 관점이다. 참조: 쉬무엘 아이젠스타트, 임현진 외 옮김, 『다중적 근대성의 탐구: 비교문명적 관점』, 나남, 2009.

근대화에 거부하는 것을 수구라 하고 수용하는 것을 개화라 한다. 물론 그 실제적인 내용과 결은 다양한 편차를 가지겠지만 근대화에 대한 최종적 반응은 결국 수구와 개화 둘 중 하나일 수밖에 없다. 이것이 근대라는 문명의 도전에 대한 응전의 두 가지 원초적 선택지임은 분명하다. 한국의 근대가 세계사적 근대의 한국적 전개인 만큼 한국 근대사는 기본적으로 이러한 구도에 바탕하여 전개된다. 달리 말하면 한국의 근대는 반근대화(수구)와 근대화(개화)라는 두 가지 힘의 작용으로 굴러간다고 할 수 있다.

한국 근대의 시간적 기준은 1876년의 개항이다. 그러니까 강화도조약의 결과인 개항 이후 지금까지의 약 150년간이 한국 근대의 시간이다. 이 시간 동안 수많은 사건이 있었다. 조선 왕조의 멸망, 일본의 식민지화, 일본의 패망으로 인한 해방, 남북한 근대국가 건설, 남북간 전쟁, 남한에서의 산업화와 민주화 등등이 한국 근대를 수놓은 굵직한 사건들이다. 이는 모두 한국의 근대라는 역사적 공간 위에서 펼쳐진 것들로서 망국, 식민지, 해방, 건국, 전쟁, 산업화, 민주화 등과 근대화는 동일한 층위의 사건이 아니다. 그것은 근대의 망국, 근대의 식민지, 근대의 해방, 근대의 건국, 근대의 전쟁, 근대의 산업화, 근대의 민주화라는 식으로 이해되어야 하며, 그런 점에서 중세적 지평 위에서 전개된 사건이나 국면들과는 구별되어야 한다. 따라서 근대의 제국-식민지 관계를 중세의 제국-제후국의 관계와 근대의 전쟁을 중세의 그것과 동일시해서는 안 된다. 그런 점에서 근대화는 망국에서 민주화로까지 이어지는 사건들보다 더 상위의 문명사적 사건이다. 망국에서 민주화까지의 사건들은 근대화보다 하위의 사건들이다. 한국 근대사는 이러한 중층 구조로 이루어져 있다. 한국 근대사를 조망하기 위해서는 무엇보다도 이 두 층위를 구분해서 이해하는 것이 중요하다.

아무튼 이러한 역사적 구조 속에서 한국 사회는 근대화에 대한 반응에 따라서 예의 두 집단으로 분열된다. 근대화를 거부하는 수구파는 조선 말기의 위정척사파로부터 시작하여 20세기의 민족주의 세력을 거쳐 오늘날 좌파로 연결된다. 근대화를 수용하는 개화파는 식민지하의 실력양성파를 징검다리로 삼아 해방과 건국 이후 우파로 이어진다. 그 가운데에는 다소 울퉁불퉁하고 엇갈리는 지점도 있겠으나, 기본적으로 수구파가 현재의 좌파, 개화파가 지금의 우파로 이어진다는 사실처럼, 한국 근대의 성격을 잘 보여주는 구조는 없다고 생각한다.

이보다 한국 근대의 한계와 불구성(不具性)을 잘 보여주는 것은 없다. 말하자면 역사적 사실로서 인정할 수밖에 없는 식민지 근대성이야말로 근대 한국인의 사유와 실천이 절대로 뛰어넘을 수 없는 원초적 경계이자 쇠우리이며 최종 심급이라고 말할 수 있다. 좌파든 우파든 누구도 이 한계를 넘어설 수 없기 때문이다. 통상 마르크스주의에 연원하는 좌파 사회주의는 근대의 몸통을 자본주의로 규정하고, 그 모순과 한계를 극복하고자 하지만, 한국과 같이 근대성의 문턱을 제대로 넘지 못한 사회에서는 (사회주의든 무엇이든 간에) 어떠한 종류의 탈근대 기획도 전부 근대성의 문턱에 걸려 넘어지게 마련이며, 그 대부분은 전근대의 나락으로 굴러 떨어지고 마는 것이다.[012] 이것이 바로 한국 사회의 좌우대립이 표면적으로는 사회주의와 자본주의의 대립으로 보이지만, 실상 그 내면은 근대를 둘러싼 대립, 즉 반근대 수구파와 근대 개화파의 대립을 넘어서지 않는다는 점을 말해준다. 따라서 한국의 좌파와 우파는 결국 근대화를 둘러싼 대립의 위치값에 불과하며, 한국 근대성의 역사적 현실을 한 치도 벗어나지 못한다. 한국이 처해 있는 역사적 구간은 중세와 근대 사이이지 근대와 탈근대 사이가 아니기 때문이다. 이러한 통찰은 한국 근대의 성격과 구조를 이해하는 데 너무나 중요해서 아무리 강조해도 지나치지 않다고까지 말할 수 있다.

한국 근대의 역사관: 민중사관과 자유사관

근대화에 대한 상이한 반응은 상이한 역사관으로 표출된다. 이영훈은 한국 근대사관을 크게 민중사관과 자유사관으로 구분한다. 민중사관은 민족과 민중을 역사의 주체로 보는 것으로 한국 근대 민족주의 사학의 주축을 이루고 있다. 이는 민족주의가 좌우를 막론하고 강

---

012 한국 좌파의 반(半)봉건·식민지·국가자본주의 비판에서 정작 반(半)봉건의 문제의식을 찾아볼 수 없는 것이 그것을 증명한다. 이는 서구 좌파의 레퍼토리를 그대로 수용할 것일 뿐, 한국적 현실에서 봉건의 문제를 사유하지 않았기 때문이다.

력한 영향력을 행사하고 있기 때문이다. 다만 박정희와 같은 우파 권위주의 집단의 민족주의가 지배 엘리트 중심이라면, 그에 저항하는 좌파 민주화 세력은 민중을 역사의 주인공으로 내세우는 민중적 민족주의[013]라는 점이 다를 뿐이다. 그러니까 정확하게 말하면 민중사관은 지배층 중심의 민족주의 사관과는 구분되는 피지배층(민중) 중심의 민족주의 사관이라고 할 수 있다.

민중사관에 대한 수정주의적인 관점이 이른바 '뉴라이트'라고 불리는 집단의 자유사관이다.[014] 이영훈을 대표로 하는 자유사관은 민족이라는 집단적 주체가 아닌 자유로운 개인을 역사의 주체로 본다. 특히 경제사적 접근을 강하게 띠는 이영훈은 "내가 머리에 그리고 있는 문명사에서 출발점은, 그리고 언제나 다시 돌아오게 되는 마음의 고향은 분별력 있는 이기심을 본성으로 하는 호모 에코노미쿠스(homo economicus), 그 인간 개체이다"[015]라고 말한다.

이렇게 보면, 근대화에 저항하는 반근대-수구-좌파의 역사관은 민중사관, 근대화에 호응하는 근대-개화-우파의 역사관은 자유사관으로 연결된다. 반근대-수구-좌파가 하나의 줄기를 이루고 근대-개화-우파가 다른 줄기를 이루는 이유에 대해서는 앞서 설명한 바 있다. 이 중에서 전자의 관점에 근거한 대표적인 역사 서술이 『해방전후사의

---

013 1980년대의 민주화 운동은 흔히 민족·민중운동으로 불렸다.

014 자유사관의 등장을 알리는 성과물이 교과서포럼의 『대안교과서 한국 근·현대사』(기파랑, 2007.)이다.

015 이영훈, 『대한민국 이야기』, 8쪽

인식』[016]이며, 후자의 관점에서 수정주의 역사 서술을 대표하는 것이 『해방전후사의 재인식』[017]임은 잘 알려져 있다. 따라서 1980년대 이후의 한국사학은 민족을 중심으로 하는 민중사관이 주류이며, 수정주의로서의 자유사관이 그에 도전하고 있는 형국이라고 할 수 있다.

그리고 "탈민족과 문명사의 관점에서 지난 20세기의 한국사를 전면적으로 재해석하고자"[018]하는 이영훈은 "지난 50년간 민족주의 역사학이 20세기 한국사의 기본 줄기를 얼마나 심하게 왜곡해 왔던가를 드러내고자 하였다. 그러고선 본성이 자유이고 분별력 있는 이기심인 인간 개체가 민족의 대안이라고 주장해왔다. 그런 인간을 역사의 기본 단위로 놓고 그들이 엮어낸 생산과 시장과 신뢰와 법치와 국가의 역사로서 20세기 한국사를 다시 써야한다고 제안"[019]한다. 이영훈은 이를 '민족사에서 문명사로의 전환'[020]이라고 규정한다.

문명 모순과 사회 갈등

사회에는 다양한 모순이 존재하며 모순의 경계를 따라 적대가 형성된다. 근대사회 일반이 그러하듯이, 한국 사회에도 계급, 젠더, 민족 등의 경계를 타고 다양한 적대가 형성되어 있다. 물론 이러한 모순들

---

016 한길사, 전6권, 1979~89.

017 책세상, 전2권, 2006.

018 이영훈, 21쪽

019 이영훈, 6쪽

020 참조: 이영훈, '민족사에서 문명사로의 전환을 위하여', 임지현·이성시 엮음, 『국사의 신화를 넘어서』, 휴머니스트, 2004, 35~99쪽

은 단일하지도 동일한 층위에 존재하는 것도 아니어서 다양한 지형적 배치를 보여준다. 계급 모순이 젠더 모순과 겹치기도 하고 젠더 모순이 민족 모순을 올라타고 있는 경우도 많다. 이처럼 다양한 모순들이 서로 가로지르며 겹치는 것을 교차성(intersectionality)[021]이라고 부른다. 그런데 한국 사회에는 계급, 젠더, 민족보다 더 중요한 최상위의 모순이 존재하는데, 그것이 바로 문명 모순이다.

문명 모순은 한국 사회의 비주체적 근대화(식민지 근대화)가 결과한 것으로서 중세(문명)와 근대(문명)의 경계를 따라 형성되며 한국 사회의 전 분야를 가로지른다. 그래서 한국 사회의 모든 모순은 문명 모순을 기본으로 하는 중층성 또는 교차성을 띤다고 할 수 있다. 즉 한국 사회의 계급 모순은 단지 자본주의 사회에서의 자본가와 노동자의 그것만이 아니라 중세와 근대라는 문명 모순 속에서 표출된 계급 모순이다. 젠더 모순과 민족 모순 역시 마찬가지이다.

따라서 한국 사회의 계급 모순은 단순히 근대적 노사관계의 형태가 아니라, '또 하나의 가족'(삼성) 같은 구호에서 보듯이 가정과 직장이 미분화된 전근대적인 사회적 관계와의 교차성으로 드러난다. 젠더 모순 역시 마찬가지이다. 한국 사회의 젠더 관계는 근대적인 성 정체성의 충돌을 넘어서 민족 모순이나 문명 모순과 결합되어 나타난다. '민족이 허락한 페미니즘'이라는 표현이 민족 모순과의 결합을 지

---

021   '교차성'은 원래 젠더와 계급을 함께 사유하기 위한 페미니즘의 용어인데, 오늘날 널리 확산되어 사용된다.

적하는 것이라면, '오빠가 허락한 페미니즘'이라는 패러디는 전근대적인 봉건 가부장제라는 문명 모순과의 중첩을 폭로한다. 그리하여 한국 사회에서 뜨거운 이슈가 되고 있는 일본군 위안부 운동은 여성 운동이라기보다는 반일민족주의[022] 운동에 가까우며, 나아가 가부장제와 결탁하고 있다는 점에서 문명 모순과의 이중·삼중의 중층결정(overdetermination)을 보여주고 있기까지 하다.

이것이야말로 한국 근대의 진정한 교차성이다. 그러니까 한국의 계급 모순은 자본주의라는 구조 못지않게 한국의 전근대성 위에 배치되어 있으며, 한국의 민족 모순은 근대국가의 이데올로기이기 이전에 한국의 전근대적 종족주의에 긴박되어 있으며, 한국의 젠더 모순은 근대의 성 정체성 이전에 한국의 전근대적 가족 이데올로기에 묶여 있는 것이다. 한국의 노동 운동, 민족 운동, 여성 운동이 모두 중세적·유교적 성격을 띠는 이유는 그 때문이다. 이 역시 전근대와 근대 사이의 역사적 구간에 갇혀 있는 한국 근대성의 현실을 보여주는 사례들이다.

이는 결국 한국의 근대화가 비주체적 근대화였던 만큼, 중세적 모순이 극복되지 못한 채 근대문명과 뒤엉켜 있음을 말해주는 것이다. 그러니까 한국 사회의 다양한 모순과 갈등은 세계사적 근대라는 문명의 도전에 대한 한국의 응전이 식민지 근대화로 귀결되고, 이에 대한

---

022 이영훈은 이를 반일종족주의라고 부른다. 참조: 이영훈 외, 『반일 종족주의』, 미래사, 2019; 이영훈 외, 『반일 종족주의와의 투쟁』, 미래사, 2020.

한국 사회 내부의 반응의 차이(수구와 개화, 좌파와 우파)에 따라 배열되어 있음을 증명한다. 따라서 한국 사회의 모순과 적대들은 결국 식민지 근대화를 둘러싸고 전개되는 것이라고 말해도 좋다. 한국 사회의 좌우대립 역시 그 본질은 식민지 근대화를 둘러싼 대립에 다름 아니다.

사실 주체적 근대화에 실패한 입장에서 선택지는 둘 중 하나밖에 없다. 하나는 식민지를 통해서라도 근대화를 추진하는 것이고 다른 하나는 식민지를 부정하면서 근대화 자체를 거부하는 것이다. 전자가 개화-우파, 후자가 수구-좌파의 관점임은 이미 지적하였다. 이는 결국 식민지 경험을 어떻게 볼 것인가 하는 문제가 근대화를 보는 관점과 분리될 수 없음을 의미한다. 따라서 19세기 말의 근대화라는 도전에 대한 응전의 두 가지 양상, 즉 거부-수구-반근대화와 수용-개화-근대화라는 구도는 지금까지도 한국 사회의 가장 기본적인 모순과 적대로서 작동하고 있다고 보아야 한다. 따라서 이러한 모순의 중층 구조를 직시하는 것이야말로 현재 한국의 사회 갈등과 적대를 이해하는 지름길이라고 말할 수 있다.

근대의 서사: 민족·민중혁명과 자유민주주의

근대를 대하는 관점의 차이만큼 한국의 좌파와 우파의 근대 서사는 전혀 다른 형태를 띤다. 먼저 한국 사회의 민족-계급 모순을 주요 모순으로 보는 수구-좌파의 관점에서 문명으로서의 근대는 일단 중요한 문제틀(problématique) 자체가 되지 못한다. 대신에 민족-계급 모순에 기반한 민족주의와 사회주의의 결합태가 한국 좌파의 이념적 지형이 된다. 이를 잘 보여주는 것이 바로 문재인 정권의 '동학혁명에서 촛불혁명까지'라는 서사이다.[023] 이들은 한국 근대사를 민족·민중 혁명의 관점에서 보고자 하는데, 그 압축적 표현이 바로 이것이다. 이는 사실상 북조선의 '조선혁명' 서사의 남한판이라고 할 수 있다. 북조선 정권은 북조선의 수립 과정 자체를 일본 제국주의와 투쟁한 혁명의 결과라고 서사화한다. 그런 점에서 한국 좌파와 북한의 공식 이데올로기는 일치한다.

그에 반해 한국 사회의 기본 모순을 중세(문명)와 근대(문명) 간의 문명 모순으로 보는 개화-우파의 기본 서사는 자유민주주의이다. 하지만 한국에서 자유민주주의는 민족주의와는 비교할 수 없을 정도로 취약하다. 민족-계급 모순을 중시하는 수구-좌파가 볼 때 개화-우파는 외세 의존적이고 반민족·반민중적인 세력일 뿐이다. 다음과 같은 비판이 그것을 잘 보여준다.

---

023 2019년 3·1운동 백주년을 맞아 박원순 전 서울시장은 서울지하철 2호선 안국역을 '독립운동 테마역'으로 지정하고 역사 내부를 독립기념관처럼 리노베이션했다. "2번과 3번 출구 쪽으로 들어와 개찰구로 향하는 벽면에는 전체 테마에 대한 설명판 같은 것이 붙어 있는데, 거기에는 세계 3대 혁명선언문(영국 권리장전, 미국 독립선언문, 프랑스 인권선언문)과 '기미독립선언문'이 병치되어 있다. 3·1운동을 근대혁명과 같은 수준으로 올려놓으려는 의도가 보인다. 그 반대편인 5번 출구로 이어지는 통로 벽면에는 '100년 강물'이라는 제목의 전시물이 붙어 있다. 여기에는 말 그대로 1894년 동학혁명, 1919년 삼일혁명, 2017년 촛불혁명이 하나의 강물이 되어 흐른다. 대한민국은 저 멀리 동학혁명에서 시작하여 촛불혁명으로 완성된 혁명국가라는 것이다. 이렇게 양쪽 통로의 전시물들은 서로를 비추면서 대한민국의 역사를 혁명 서사화하고 있다. 북한에 '조선혁명' 서사가 있다면 남한에는 대한민국 혁명 서사가 있는 것이다." – 최 범, '지하철은 혁명을 싣고 달린다', 〈중앙일보〉, 2019. 3. 28.

"자신들의 존재 기반이 식민 정책과 일제의 물리력에 기반하고 있는 한 국가의식·국민의식· 민족의식은 기대할 수 없었고, 내선일체, 대국가주의로의 귀속은 필연이었다... 늘 주어진 상황을 기정사실화하고 순응하는 데 익숙했고, 민족해방운동에 적대적인 모습까지 보이면서 이윤 추구에 몰두했지만 궁극적으로 자본 축적은 보장되지 못했다. 한국 자본가군의 대외의존성, 부패성, 천민성, 취약한 민족성은 이러한 역사적 과정의 산물이었다."[024]

자본가를 타깃으로 삼기는 했지만, 한국의 수구-좌파가 보는 개화-우파의 모습은 기본적으로 이를 크게 벗어나지 않는다. 그러면 과연 한국의 개화-우파는 외세 의존적이고 반민족·반민중적일까.

한국의 근대화가 주체적 근대화가 아닌 식민지 근대화인 만큼 여기에는 많은 모순과 결핍이 내재되어 있다. 무엇보다도 먼저 식민지 근대화의 폭력성을 지적할 수 있겠다. 그 과정이 비주체적이고 압축적이었던 만큼 한국의 식민지 근대화는 폭력성을 가장 두드러진 특징으로 삼는다. 일제의 직접적인 폭력과 압제를 비롯하여 건국 이후의 권위주의 정권에 의한 압축적 경제 성장도 비록 명암은 있지만, 그 자체로 폭력적이었음은 부정할 수 없는 사실이다. 한국의 식민지 근대화

---

024 정태헌, '한국의 식민지적 근대화 모순과 그 실체', 역사문제연구소 편, 『한국의 근대와 근대성 비판』, 1996, 255쪽

에 작용한 힘은 거칠기 짝이 없는 것이었다. 폭력이란 곧 '거친 힘'에 다름 아니기 때문이다. 물론 그 거친 힘이 한국의 근대화를 추동해온 동력이었다는 사실 역시 부정할 수 없다. 따라서 그러한 폭력성 역시 양면성을 가진다.

그런데 외세 의존적이라는 비판에 대해서는 재고해볼 필요가 있다. 사실 비주체적인 근대화가 외세 의존적이지 않을 방도가 있는가. 외세와의 관계를 모두 비주체적이고 반민족적·반민중적인 것이라고 보아서는 안 된다. 그런 점에서 외세 의존적이라는 표현 역시 재고할 필요가 있다. 그리고 설사 외세 의존적일지라도 거기에 긍정적인 면이 내포되어 있지 말라는 법은 없다. 역사는 절대적이지 않다. 역사는 상대적으로 보아야 한다.

아무튼 식민지 근대화의 모순과 결핍을 극복하려는 노력은 필요하다. 한국 사회에서 이러한 지향은 식민지 시기에는 독립운동으로, 건국 이후에는 '민주화 운동'이라고 불렀다. 한국의 좌파는 기본적으로 이러한 독립운동과 민주화 운동 세력이다. 그런데 문제는 한국의 민주화 운동이 동시에, 더욱 근본적으로 반근대화 운동의 성격을 띠고 있다는 사실이다. 한국의 식민지 근대화가 폭력적이었던 만큼 그것은 반드시 교정되고 극복되어야 할 부분을 가지고 있다. 그런데 그러한 식민지 근대화의 문제를 극복하려는 한국의 좌파 민주화 세력이 동시에 반근대적인 성격을 띠고 있다는 점이 또 다른, 어쩌면 더 심각한 문제이다. 한국의 개화-우파 세력이 외세 의존적이라고 보든 어떻든 간에 식민지 근대화를 수용한다면, 수구-좌파에 속하는 민주화 운동 세력은 식민지 근대화 자체를 부정함으로써 반근대화의 포지션을 취한다는 것이다.[025] 이리하여 한국의 좌우대립은 마침내 반근대화와 근대화의 대립으로 환원되어버리고 만다.

부연하자면 사실 전근대 수구파와 근대 좌파는 그 자체로는 공통점이 없다. 하지만 식민지 근대화라는 한국적 지평에서 이 둘은 만난다. 그것은 모두 근대에 반대하는 반근대적 선택이라는 점 때문에 그렇다. 식민지를 거부하는 것이 곧 근대화를 거부하는 것이 되어 버리고 마는 것이다. 한국의 좌파가 탈근대적이기는커녕 근대적이지도 않고 오히려 전근대적인 이유가 바로 여기에 있다. 따라서 한국에는 자본주의적 근대를 넘어서는 진정한 의미에서의 탈근대 좌파는 거의 존재하지 않는다. 물론 반대로 우파라고 해서 식민지 근대화를 무조건 긍정해야 하는 것은 아니다. 다만 식민지 근대화를, 주체적 근대화에 실패한 한국이 겪을 수밖에 없는 하나의 불가피한 역사적 경로로 인정하고, 그 모순과 한계를 넘어서 주체적 근대화로 나아가는 기획만이 유일하게 현실적인 선택지임을 인식할 필요가 있을 따름이다.

아무튼 우리가 확인해야 하는 것은 개화-우파의 자유사관에 기초한 자유민주주의 서사는 힘이 약한 반면, 수구-좌파의 민중사관에 입각한 민족·민중혁명 서사는 오늘날에도 여전히 강력한 힘을 발휘하고

---

025 좌파에 의한 우파의 식민지 근대화론 비판은 흔히 '식근론 비판'이라는 이름으로 무수히 제기된 바 있다.

있다는 사실이다. 자유민주주의는 대한민국의 공식적인 이념임에도 불구하고, 실제 현실에서 그것은 남한판 '조선혁명' 서사의 대안/대항 담론이 되지 못하고 있는 것이다. 이는 대한민국의 정체성과 관련하여 근본적으로 직시해야 할 문제가 아닐 수 없다.[026]

근대화의 단계와 과제

근대로의 문명 전환은 결코 간단한 일이 아니다. 그것은 하나의 거대한 전환(great transition)이며 중층적인 문화 변동(cultural articulation)의 과정이기 때문이다. 따라서 문명 전환은 그 자체로 '장구한 혁명(long revolution)'일 수밖에 없고, 그 혁명은 또 여러 수준의 단계를 밟아 진행될 것이라고 본다. 따라서 문명 전환이라는 혁명이 밟아야 할 여러 단계들 또한 작은 혁명의 과정을 포함하는 질적 전환의 과정임을 통찰할 필요가 있다. 이 거대한 전환 과정을 몇 단계로 분절하여 모형화해 보면 이렇다. 1) 근대 저항기, 2) 근대 수용기, 3) 근대 창조기가 그것이다.

1) 근대 저항기

근대화의 첫 단계로서 19세기 말의 개항부터 현재까지가 여기에 해당된다. 오랜 전통사회의 관성으로 인해 근대라는 거대한 도전에

---

026 최근 일부 우파 인사들이 문재인 정권과 윤석열 정권의 대결을 반대한민국 세력과 대한민국 세력의 대결로 읽어내는 것도 이러한 인식이 뒷받침되었기 때문일 것이다.

대해 거부하는 태도가 지배적인 시기이다. 물론 이 시기에도 외부의 도전을 수용하려는 적극적 반응이 없지 않지만, 거부가 수용보다 더 압도적이다. 위정척사와 같은 무조건적인 거부는 말할 것도 없고, 수용이라고 하더라도 새로운 문명에 대한 깊이 있는 이해에 기반한 것이라기보다는 피상적인 수용이 지배적이다. 따라서 이 시기에 나타나는 무조건적인 거부와 피상적인 수용은 겉으로는 정반대되는 것으로 보이지만, 사실 동전의 양면과도 같은 현상이라고 할 수 있다. 맹목적인 거부나 수용 모두 근대문명에 대한 제대로 된 이해가 없는 상태의 반응이라는 점에서 동일한 수준의 상반된 표출일 수 있기 때문이다. 따라서 이 시기의 근대 이해는 고대 중국의 격의불교(格義佛敎)027처럼, 전통적인 사고방식에 끼워 맞춰서 근대를 이해하는 격의근대(格義近代)의 차원을 벗어나지 못한다.

따라서 이 시기에 가장 두드러지는 문제는 '문화 지체(cultural lag)'와 '비동시성의 동시성' 현상이다. 다시 말해서 물질문화와 정신문화, 전통문명과 근대문명 간의 불일치와 미끄러짐이 두드러지게 나타난다. 한국과 같은 비서구 주변부 사회에서의 문명 전환은 서구 사회에서의 근대 이행에서 볼 수 있는 '아노미' 현상과는 아예 차원을 달리하는 아찔한 수준의 사회적 모순과 갈등을 발생시킨다. 따라서 이 시기의

---

027 불교가 중국으로 건너갈 때 중국인들에게 쉽게 이해되지 않는 불교 교리를 널리 이해할 수 있도록 하기 위해 도교나 유교 등 중국 고유의 사상으로부터 유사한 개념이나 용어를 빌어 설명하는 편법을 말한다. 예를 들면 노장사상(老莊思想)이 성행한 중국 위·진 시대에 불교의 '공(空)사상'을 노장의 '무(無)사상'으로 설명, 해석하는 방법이다. 이처럼 격의불교는 인도에서 성립된 이질적인 불교를 중국화 하는데 큰 역할을 담당했다.

지배적인 패러다임은 문명 모순 그 자체이며, 앞서도 여러 차례 지적했듯이 현재 한국 사회가 겪고 있는 거의 모든 문제는 이러한 문명 충돌의 결과라고 해도 과언이 아니다.

이 시기는 물질적-제도적으로는 근대화되지만, 정신적-문화적 차원은 여전히 전근대적이기 때문에 그 괴리가 심하며 사회적 풍경도 몹시 불균형하다.[028] 따라서 외형적으로 보면 전면 근대화가 이루어진 것처럼 보일지라도 내면적으로는 여전히 근대화에 대한 거부 반응이 뿌리 깊게 자리 잡고 있는 것이다. '우리 것은 좋은 것이여' 같은 맹목적인 전통 찬양과 함께 극단적인 배외(拜外) 의식이 지배한다. 식민지 근대화에 대한 무조건적인 부정과 함께 유사 인종주의적 성격의 친일파 사냥과 반일종족주의가 기승을 부린다. 이 시기의 사회 세력은 수구-좌파와 개화-우파로 양분되어 투쟁을 벌이게 되는데, 물질적-제도적 차원은 개화-우파가 주도하지만, 정신적-문화적 차원은 여전히 수구-좌파의 강력한 영향력 아래에 있다고 할 수 있다. 아무튼 이 시기의 전체적인 성격은 근대화에 대한 감정적인 거부와 함께 피상적 수용으로 특징지을 수 있다.

2) 근대 수용기

근대문명을 하나의 새로운 문명으로 인식하고 주체적으로 수용하

---

028 한국 사회의 이러한 풍경을, 나는 '디자인의 양극화'라는 개념으로 포착하고자 한다. 참조: 최 범, '디자인의 양극화', 인천문화재단, 〈플랫폼〉 41호, 2013. 9/10.; '두 개의 사회, 두 개의 디자인', 〈경향신문〉, 2018. 3. 14.

는 단계이다. 여기에서 핵심은 '심층적 이해'와 '주체적 수용''이다. 물론 이때의 주체적 수용이란 당연히 깊은 이해가 선행된 비판적 수용을 가리킨다. 이를 가리켜 '심층 근대화'[029]라고 부르기도 한다. 아무튼 이 단계는 무조건적 거부와 피상적 수용을 넘어서야 도달할 수 있음은 분명하다. 문명의 수용이란 문명의 번역과 다름 없는데, 이는 곧 텍스트와 수용 주체 사이에서 벌어지는 문화적 커뮤니케이션 행위인 것이다. 사실 이와 관련해서는 한국의 라이벌(?)이라고 할 수 있는 일본이 그 모범 사례이다. 이에 대해 고종석은 이렇게 평가한다. 다소 길지만 인용한다.

"인류 문화사의 관점에서, 늘상 나를 황홀경으로 몰고 가는 한 시기가 있다. 그것은 유럽 문화의 바탕을 마련한 고대 그리스·로마 시절도 아니고, 이백·두보·한유·유종원이 각기 문재(文才)를 뽐내며 세련된 귀족적·국제적 문화를 꽃피웠던 중국 당(唐)대도 아니고, 천재와 완전인(完全人)의 시절이라 할 유럽의 르네상스 시기도 아니고, 서양 르네상스의 한국판이라 할 만한 영·정조 치하 실학의 전성기도 아니다. 그런 돌출한 문화적 개화(開花)들도 어느 정도 내 마음을 뛰게 하지만, 그것들보다 더 내게 감동을 주는 것은 일본 에도 중기 이래의 란가쿠(蘭學)와 메이지 시대 이후의 번역 열풍이다. 에도 시대의 란가쿠와 메이지 시대의 번역 열풍이야말로 한문 문명권과 그리스·로마 문명권을 융

---

029   김영민, 『지식인과 심층 근대화』, 철학과현실사, 1999.

화시키며 동서 문화 교섭의 가장 빛나는 장면을 연출했다고 판단하기 때문이다.

18세기 말 스기타 겐파쿠 등이 네덜란드어 해부학서를 『카이타이신쇼(解體新書)』라는 제목으로 번역함으로써 공식적으로 시작된 란가쿠는 초기의 의학에서 화학, 물리학, 천문학, 군사학 등으로 영역을 넓히며, 궁극적으로 세계를 하나의 문명권으로 만들 발판을 마련했다. 당시 동아시아는 지구 위에서 유럽인의 발길이 뜸한 유일한 지역이었다. 일본인들의 위대함은 유럽 문화의 전지구화를 마무리했다는 데 있는 것이 아니라, 그 문화를 게걸스럽게 흡수하면서도 한자라는 동아시아 문명의 공통 유산 속에 완전히 녹여버렸다는 데에 있다."[030]

아마 인류 역사상 위대한 문화 번역의 사례로 꼽을 수 있는 것으로 인도 불교의 중국화, 고대 그리스 철학의 이슬람 전파와 함께, 예의 서양 근대의 일본 번역을 들 수 있을 것이다. 모두 주체적 수용에 의한 주체적 번역의 사례들로서, 여기에는 각기 팔리어와 산스크리트어의 한역(漢譯), 그리스어의 아랍어 번역, 유럽어의 일본식 한역이라는 언어 번역이 각기 필수적 바탕이 되었음은 물론이다. 그렇게 볼 때 한국의 근대화는 일본에 의한 서양 근대의 한역을 다시 수용하는 일종의 중역(重譯) 과정이었다고 할 수 있다. 이러한 한국의 근대 수용은 주체적이지 못했고, 이것이 근대에의 무지에 의한 저항적 태도

---

030 고종석, 『감염된 언어』, 개마고원, 1999. 92~93쪽

를 낳았음은 앞서 말한 대로이다. 따라서 한국의 일본에 대한 원한 감정은 이러한 근대 수용의 격차가 초래한 열등감과 질시의 표출이라고 할 수 있으며, 이것이 바로 한국의 희생자 의식 민족주의(victimhood nationalism)[031]의 기저를 이룸은 새삼 설명이 필요 없을 것이다.

아무튼 주체적인 근대 수용은 이러한 구조에 대한 인식과 극복을 통해서만 가능할 것이다. 이때 근대문명은 우리가 주체적으로 마주해야 할, 이제까지와는 다른 하나의 대안적 삶의 방식으로서 다가올 것이다. 따라서 이 시기에는 근대문명의 긍정적인 면과 부정적인 면을 균형 있게 바라보게 되고, 좌우대립이나 사회 갈등도 이러한 지평 위에서 전개될 것이다.

3) 근대 창조기

근대 창조기는 근대에 대한 충분한 학습이 이루어지고 난 뒤에 문명의 융합과 창조가 진행되는 단계이다. 근대의 당당한 일원으로서 문명의 창조에 동참하는 것이다. 조동일이, 기존의 중국 문명에 한국과 일본 등이 참여함으로써 비로소 동아시아 문명이 되었다고 말한 것처럼[032], 한국이 근대문명에 시민권을 가지고 참여함으로써 비로소 근대문명도 서유럽 기원의 지역 문명을 넘어서 진정한 의미에서 세계문명이 될 수 있는 것이다. 이것이 바로 세계사적 근대의 한국화이자

---

031   참조: 임지현, 『희생자 의식 민족주의』, 휴머니스트, 2021.
032   참조: 조동일, 23쪽.

한국 근대의 세계화인 것이다. 조동일이 말하는 '수입학에서 창조학'으로의 전환은 사실상 이 단계에 도달해야 가능해진다.

이때 근대문명과 한국 문화의 관계는 보편과 특수의 관계로 설명될 수 있다. 나는 이를 가리켜 "문화는 문명의 반복에서 발생하는 차이"[033]라고 명제화한 바 있다. 한국 문화가 근대문명의 반복 속에서 의미 있는 차이를 만들어낼 때 한국의 근대문명화 과정은 완성되는 것이다. 이는 과거 동아시아 문명 속에서 한국 문화가 차지했던 위상과 동일한 것으로서, 이런 단계에 도달할 때, 한국의 동아시아 문명으로부터 근대문명으로의 이행 역시 완성되는 것이다. 그리고 이 시기는 무엇보다도 문화에서의 창조와 융합을 주된 특징으로 한다. 그리하여 전통문명과 근대문명이 창조적으로 융합되어 완숙해지며 새로운 단계로의 질적 전환을 보여주게 되는 것이다. 근대 일본은 수용기를 넘어 이런 단계에 도달한 것으로 파악된다.

이상 한국의 근대문명화 과정을 단계별로 모형화해서 살펴보았다. 이런 관점에서 볼 때 지금 한국 사회의 최상의 과제는 근대에 저항하는 의식 수준에서 벗어나 근대를 수용하는 정신 상태로 나아가는 일일 것이다. 지난 150년간의 근대 저항기가, 수구든 개화든 간에 모두 근대에 대한 무지 위에 서 있었던 것이라면 근대 수용기는, 어떠한 반

---

033 참조: 최 범, '문명에서 문명으로: 한국 건축문화에 대한 단상', 계간 〈건축평단〉 2017년 겨울호. 이 책 181쪽 참조 확인.

응이든 간에 기본적으로 근대에 대한 제대로 된 이해 위에서만 전개될 수 있다.

사실 근대 저항기는 근대화되었다기보다는 외세에 의해 근대화 '당했다'라고 보는 것이 사태에 더 정확히 부합될 것이다. 그것이 바로 식민지 근대화이다. 근대문명의 전파자인 일본에 대한 맹목적 적의가 용출되는 것 역시 그 부작용의 하나일 것이다. 하지만 경위가 어떻든 식민지 근대화도 근대화의 한 과정인 만큼, 그 의의를 인정하고 그 모순과 결핍은 극복하면서 다음 단계로 나아가야 한다. 그러므로 근대 저항기에서 근대 수용기로의 이행은 진정한 의미에서 주체적 근대화의 첫 단계라고 할 수 있을 것이다. 이것만이 근대화에 대한 거부와 숭배라는 이분법을 넘어서 근대문명의 주체이자 당당한 일원이 되는 길이며 진정한 근대혁명인 것이다. 그러기 위해서는 '해방전후사'로부터 '개항전후사'로 우리의 인식이 거슬러 올라가야 한다. 비로소 그때 한국 근대사의 대분기(大分期)가 민족해방이 아니라 문명전환이라는 사건을 넘어선 사건임을 알게 될 것이다.

한국 근대 담론의 전개

-구조에서 주체로

근대 논의의 두 갈래

역사학자 김기봉은 근대를 '단단한' 근대와 '부드러운' 근대로 나눈다.[034] 김기봉이 말하는 '단단한' 근대는 자본주의로서 근대의 하드웨어이고 '부드러운' 근대는 문화로서 근대의 소프트웨어이다. 자본주의가 근대의 구조라면 문화는 근대의 경험이다. 따라서 단단한 근대가 자본주의의 생산과 노동의 측면을 가리킨다면, 부드러운 근대는 자본주의의 소비와 대중문화의 측면을 의미하는 것이겠다. 그런데 김기봉은 이제까지 한국 근대에 관한 연구가 단단한 근대에만 치우치고 부드러운 근대는 무시했다고 지적한다.

"매우 도식적인 이분법이지만, 근대화에는 제도적인 측면에서 일

---

034 김기봉, '단단한 근대와 부드러운 근대', 문화사학회, 『역사와 문화』 1호, 푸른숲, 2000.

어난 단단한 근대화와 일상적인 삶의 측면에서 나타난 부드러운 근대화라는 두 측면이 내재되어 있다. 그런데 한국 역사학계는 지금까지 일반적으로 근대사회의 하드웨어(hardware)를 이루는 것에 초점을 맞추어 연구를 진행함으로써, 한국적 자본주의의 기원과 성격을 해명하는 것에 주로 관심을 집중시켜왔다. 최근의 식민지 근대화론과 식민지 수탈론 사이의 논쟁은 이러한 논의의 최근 형태이다. 이에 반해 위에서 언급한 역사문화[035]에서 관심의 초점이 되었던 것은 일상적 문화의 차원에서 일어난 부드러운 근대화이다."[036]

그러니까 김기봉은 이제까지 한국에서의 근대 논의가 주로 자본주의의 구조적 발생에 관한 것에 집중되어 왔으며, 정작 그러한 자본주의의 내적 경험(문화)에 대한 것은 소홀했다는 것을 환기시키고 있는 것이다. 식민지 근대화론과 식민지 수탈론 논쟁은 바로 전자에 해당한다. 그러면서 부드러운 근대에 관심을 기울여야 한다고 말한다.

"찰리 채플린의 영화 「모던 타임스」에서 보여주듯, 근대가 있는 곳은 무엇보다도 공장이고, 공장을 만들어낸 것은 물론 자본주의이다. 하지만 우리가 중요하게 문제 삼아야 하는 것은 단단한 근대를 만들어낸 자본주의가 아니라 그 안에서 살아야만 하는 인간이다. 자본주

---

035 여기서 말하는 역사문화는 드라마 등에서 묘사된 대중문화물로서의 역사를 가리킨다.(필자 주)
036 김기봉, 143쪽.

의에서 보통 사람들의 일상적 삶을 실질적으로 규정하는 것은 부드러운 근대성이다. 근대에서 권력은 구조나 제도로 존재하기보다는, 인간들 사이의 관계가 있는 곳이라면 가장 구석진 작은 곳에서조차 보이지 않는 형태로 존재한다."[037]

그러면서 이를 문명화 과정으로 설명한다.

"근대의 문명화 과정을 통해 권력은 총과 칼 같은 하드웨어가 아니라 예절과 규율과 같은 소프트웨어에 의해 관철되고 재생산되었다. 이와 같은 방식으로 자본주의라는 심장에서 공급된 권력의 피가 일상적 삶의 모세혈관에까지 관통하는 것이 이른바 문명화 과정이다. 문명화 과정은 형식적 측면에서 무력적인 권력으로부터의 해방을 가져왔지만, 실질적인 측면에서는 일반적인 삶의 권력에 대한 종속을 초래했다. 따라서 문제는 이러한 근대문명화 과정의 이중성을 어떻게 드러낼 수 있는가 하는 점이다."[038]

푸코의 숨결이 느껴지지만, 김기봉은 한국의 근대성을 해명하는 작업은 자본주의와 같은 근대성의 하드웨어에만 관심을 집중시켜서는 불충분하고, 그렇다고 해서 그가 역사문화라고 부르는 대중문화에서

---

037 김기봉, 143쪽
038 김기봉, 143~144쪽

단지 향수를 자극하는 방식으로 역사를 다루는 것 역시 맹목적이라고 비판한다. 그러면서 한국의 근대성을 밝히기 위해서는 자본주의와 문화, 이 둘을 모두 종합할 수 있는 새로운 시각과 방법을 모색해야 한다고 말한다.[039]

단단한 근대: 자본주의 이행 논쟁

김기봉이 말하는 단단한 근대 논의는 곧 한국 자본주의 이행 논쟁과 다르지 않다. 그에 대해 김기봉은 이렇게 설명한다.

"1980년대 이래 우리 학계의 근대화에 대한 논의는 크게 보아 두 가지 담론을 근간으로 해서 전개되었다. 첫째는 근대화를 자본주의로의 이행과 동일시하는 담론이다. 우리의 사회과학 논쟁에서 먼저 문제가 되었던 것은 사실상 근대화가 아니라 자본주의였다. 1980년대를 풍미했던 이른바 사회구성체 논쟁의 중심 문제는 한국 사회의 성격을 어떻게 규정할 것인가 하는 점이었다. 한국 사회에 대한 과학적 인식이 필요했던 이유는 현 단계에서 한국 사회의 중요한 모순을 무엇으로 보느냐에 따라 그 모순을 지양할 수 있는 실천 전략은 무엇이고 또 누가 실천의 주체가 될 수 있는지를 규명할 수 있기 때문이었다."[040]

---

039   김기봉, 144쪽
040   김기봉, 145쪽

한국 사회에서 좌파적 담론의 팽창이 이러한 논의의 시대적 배경을 이룬다는 말이다. 그리고 김기봉은 "1990년대 초 좌파적 담론의 쇠퇴와 더불어 근대화 논쟁은 근대성 자체를 문제 삼은 두 번째 단계로 진입했다"[041]라고 말한다. 그것은 근대를 넘어선 탈근대 담론이다. 일단 1980년대 이후의 논의는 논외로 하고, 문제가 되는 1980년대 한국 사회의 자본주의 이행 논쟁에만 논의를 한정할 경우, 그것은 김기봉이 말하는 '식민지 근대화론'과 '식민지 수탈론'이다.

여기에서 식민지 근대화론은 말 그대로 식민지를 통해서 한국 사회가 근대화되었다는 논리이고, 그에 반해 식민지 수탈론은 식민지 수탈로 인해 한국 자본주의의 정상적 발전이 저지되었다는 관점이다. 따라서 식민지 수탈론은 이른바 내재적 발전론 또는 자본주의 맹아론을 전제로 한다. 다시 말하면 식민지 수탈론은 한국 사회가 조선 후기에 자본주의의 내재적 발전 가능성을 품고 있었지만, 일제 식민 지배로 인해 그 싹이 짓밟히고 말았다는 논리인 것이다. 이러한 관점은 '자생적 근대화론'과 연결된다.

한국 사회의 자본주의 이행 또는 근대화 논쟁에 관해서는 최근 이선민의 연구가 잘 정리해주고 있는데, 이선민은 한국의 근대화 논쟁을 크게 자생적 근대화론과 식민지 근대화론과 식민지 근대성론으로 나눈다.[042] 여기에서 앞의 둘이 1980~90년대에 논쟁을 벌인 대표적인

---

041 김기봉, 145쪽
042 이선민, 『한국의 자주적 근대화에 관한 성찰』, 나남출판, 2021.

이론이며, 뒤의 것은 앞의 둘 전부를 비판의 대상으로 삼는 탈근대적 관점이다.

19세기 말 개화기를 제외하면, 한국에서 근대화 담론이 본격적으로 등장한 것은 1960년대였다. 박정희의 '조국 근대화'와 미국발 '근대화론(modernization theory)'과 역사학계의 '자생적 근대화론'이 그것이었다. 먼저 박정희의 조국 근대화는 최초의 정치적 담론으로서의 근대화론이었다. 한국에서 근대화라는 말이 사회 전 부문에 걸쳐 유행어가 될 정도로 확산된 것은 박정희 정부부터라고 이선민은 말한다.043 그것이 경제 개발을 위해 국민을 동원하는 하나의 구호이기도 했다는 것은 주지하는 바대로이다.

이와 함께 1960년대의 한국 근대화 논의를 이해하는 데 빼놓을 수 없는 것이 바로 미국발 근대화 담론, 즉 월터 로스토의 근대화론이었다. 이것은 미국 경제학자 월터 로스토가 제시한 것으로서 근대로의 발전단계론이다. 마르크스주의와는 다른 역사 발전 경로를 제시했다는 점에서 '반(反)공산당선언'이라고도 불린 로스토의 근대화론에 대해 국내 학자들의 찬반 논쟁이 있었고, 이것이 한국의 근대화 담론에 직간접적으로 영향을 주었음은 부정할 수 없다. 박정희의 조국 근대화가 정치 담론이라면 로스토의 근대화론은 그 성격상 경제 담론이라고 할 수 있다.

한편 이러한 정치·경제 영역과는 다른 근대 논의가 역사학계에서

---

043 이선민, 22쪽

시작된다. "산업화와 경제 성장을 핵심으로 하는 근대화론이 정치권과 사회과학계에서 한창 논의되던 1960년대에 국사학계의 가장 큰 관심사는 한국사의 타율성과 정체성(停滯性)을 강조하는 식민사관을 극복하는 것이었다."[044] 일본의 조선 식민 지배가 필연적이었다는 일본 학자들의 관점을 식민사관이라고 비판하면서, 한국 역사의 독자성과 변화상이 강조되었다. 조선 후기에 한국 사회의 내부에 자본주의로의 발전 가능성이 있는 변화가 일었다는 것이다. 이러한 관점을 자본주의 맹아론 또는 내재적 발전론이라고 부르는데, 포괄적으로 자생적 근대화론이라고 칭할 수 있을 것이다. 식민지 수탈론 역시 그 연장선상에 있는 이론이다. 이선민은 이렇게 말한다.

"조선 후기에 자생적 근대화의 싹이 자라고 있었다는 주장은 국내외 학자들의 비판과 지적에도 불구하고 1970년대 들어 급속도로 확산되면서 영향력을 확대해갔다. 이는 식민사관의 정체성론을 극복하고 민족적 자신감을 회복해야 한다는 시대적 요청이 학문적 엄밀성보다 우선한 데 따른 것이었다. 그 결과로 1970년대 말에 이르면 자생적 근대화론은 학문적으로나 대중적으로나 주류 학설의 위치에 올라서게됐다."[045]

---

044 이선민, 76쪽
045 이선민, 136쪽

하지만 자생적 근대화론은 1990년대에 오면 식민지 근대화론의 도전을 받게 된다. 식민지 근대화론은 말 그대로 한국 사회 내부에는 자본주의로의 발전 가능성이 없었으며, 한국의 근대화는 오로지 일제의 식민 지배라는 외적 계기에 의해 이식되었을 뿐이라는 것이다.

"안병직은 한국의 자본주의 발전이 세계 자본주의 체제와 시장에 포섭되면서 시작됐다고 설명했다. 1876년 개항 이래 한국을 둘러싼 국제적 환경은 '불평등 조약 체제(1876~1910) -〉 식민지 체제(1910~1945) -〉 종속 체제(1945~1960) -〉 국제적 분업 체제(1960년 이후)'로 변화돼 왔다. 한국인들은 각 시기에 주어진 조건을 최대한 이용하여 자본주의를 발전시켰다."[046] 안병직은 한국 자본주의가 독자적 발전을 통해 선진 자본주의로 발전 가능하다는 점을 제시했다는 점에서 기존의 학계와 사회에 큰 충격을 주었다. 이것은 중심부의 수탈이라는 불평등성으로 인해 주변부의 발전이 구조적으로 불가능하다는 기존의 종속이론 (dependancy theory)과는 정면으로 배치되는 것이었다. 그러니까 한국 자본주의가 비록 식민지 개발에 의해 시작되었지만, 그것이 자본주의 발전을 원천적으로 제약한 것은 아니고, 그를 기반으로 해서 점차 높은 수준으로의 발전이 가능해진다는 것이다.

이영훈 역시 자본주의 맹아론을 비판하면서 식민지를 통해 자본주의의 요소들이 뿌리를 내렸음을 주장했다. 안병직과 이영훈의 식민지

---

046   이선민, 188쪽

근대화론은 일본의 역사학자 나카무라 사토시의 '중진 자본주의론'으로부터 영향을 받았다고 한다. 그렇게 해서 "이영훈의 자본주의 맹아론·경영형 부농론 비판, 안병직의 한국 근현대사에 대한 관점 전환, 나카무라 사토시의 이론적·역사적 검토 등에 의해 형성되기 시작한 한국의 근대화에 대한 새로운 시각은 1990년대 후반 들어 체계화됐다."[047]

이렇게 1990년대에 식민지 근대화론이 자리를 잡게 되자 식민지 근대화론과 자생적 근대화론의 충돌은 불가피해졌다. 식민지 근대화론을 둘러싼 논쟁에 대해서는 역시 이선민의 텍스트에 잘 정리가 되어 있다.[048] 한편 2000년대 이후에는 자생적 근대화론과 식민지 근대화론의 수평적인 대립을 넘어서는 새로운 관점이 대두된다.

"1990년대 이후 세계적인 지적 사조로 떠오른 포스트모더니즘의 영향을 받아 탈근대적 관점에서 자본주의 맹아론과 식민지 근대화론을 모두 비판하는 식민지 근대성론이 제기됐다. 그런가 하면 일국사적 관점을 기반으로 한국의 자생적 근대화론을 이끌었던 김용섭은 새롭게 문명사적 관점에서 한국사를 바라보는 저술을 내놓았다. 그리고 한국의 근대화에 관한 논의들을 종합하려는 야심적이고 어려운 지적 시도도 조심스럽게 진행됐다"[049]라고 이선민은 말한다. 그렇다면 식민지 근대성론은 근대적 관점을 넘어선 것이고 문명사적 관점은 전혀

---

047 이선민, 199쪽
048 이선민, 203~223쪽
049 이선민, 225~226쪽

다른 지평에서의 접근이기 때문에, 일단 나중으로 미루기로 한다.

부드러운 근대: 모던의 문화사

부드러운 근대는 곧 문화사적 접근을 말한다. 다시 김기봉으로 돌아오면 "우리에게 근대 혹은 현대란 무엇인가? 앞에서 논한 근대화의 논쟁에서 식민지 근대화론과 식민지 수탈론은 식민지 시대를 자리매김하는 방식에서 상당한 견해의 차이를 보이지만, 근대를 자본주의가 형성·발전하는 시기라고 상정한 공통점을 갖고 있다. 여기서 이해되는 자본주의란 삶의 방식의 합리화와 같은 문화적 형태이거나 아메리카니즘으로 지칭되었던 소비 계층의 문화적 생활 형식이 아니라 생산 수단을 사유화하고 노동을 상품화하는 생산 양식을 뜻한다. 분명 생산 양식으로서의 자본주의는 근대 세계 체제를 형성했던 하드웨어임에 틀림없다. 따라서 지금까지 우리 학계는 자본주의 생산 양식이 이 땅에서 어떤 기원을 갖고 성립했는지에 근대성 연구의 초점을 맞추었다."[050]라고 판단된다.

김기봉은 근대의 하드웨어를 넘어서 소프트웨어, 곧 문화로 구현된 근대성을 해명하는 작업이 필요하다고 하면서, 그 출발을 김진송의 『서울에 딴스홀을 허하라』[051]에서 찾는다. 김기봉은 "우리 역사에

---

050   김기봉, 153쪽

051   김진송, 『서울에 딴스홀을 허하라』, 현실문화연구, 1999.

서 근대는 자생적이지 않으며 외부의 충격과 함께 시작했기 때문에, 우리가 어떻게 근대적이게 되었는지를 파악하기 위해서는 우리 자신이 근대인이 되어가는 과정, 곧 근대성이 우리의 일상적 삶에 뿌리내리는 과정을 밝혀야 한다. 이 같은 맥락에서 저자는 거대한 구조나 체계로서의 근대가 아니라 개인이 일상 속에서 체험하는 삶의 형태로서의 근대를 '문화'라는 창을 통해 보여주려고 했다.[052]"라고 하면서『서울에 딴스홀을 허하라』의 의의를 평가한다.

먼저 김기봉은 식민지 근대화론자와 식민지 수탈론자(자생적 근대화론자)는 모두 근대의 기원을 자본주의적 생산 양식의 성립 시점과 동일시함으로써 '기원의 망상'에 빠졌다고 비판한다. 그러면서 이러한 기원의 망상에서 벗어나 역사의 실제적 연관관계를 찾아내기 위한 역사학의 새로운 시각을 '아래로부터의 역사'라고 부르며, 이러한 "'아래로부터의 역사'가 발굴하고자 하는 근대성은 지식인들이 관념적으로 제시하는 사상으로서의 근대성이 아니라 보통 사람들이 일상 속에서 체험하는 삶의 형태로서의 근대성이다. 종래의 역사학과 사회과학은 한국사에서 근대성의 출현을 언제 어떻게 임노동자가 형성되었고 토지가 자본으로 전화되었는지, 혹은 조선 백성들이 어떤 과정을 거쳐서 민중의식과 민족의식을 각성했는지에 초점을 맞추어 해명했기 때문에, 보통 사람들이 일상생활에서 경험하고 느꼈던 근대성의 구체

---

052 김기봉, 153쪽

적인 내용을 사장시켰다."⁰⁵³는 것이다.

그러면서 "전문 역사가들은 〈황성신문〉에서 〈시일야방성대곡〉이라는 의분강개한 애국지사의 글만을 의미 있게 보았지, 그 옆에 줄기차게 나왔던 비로도와 중절모의 광고에 대해서는 주목하지 않았다. 그러나 한국사에서 근대성 형성과정의 실제적 연관관계를 밝히는 작업에서는 선각 지식인의 치열한 민족의식을 반영하는 전자의 글보다 1930년대 '모던 걸'과 '모던 보이'의 허위의식을 담고 있는 후자의 광고가 더 유용할 수 있다"⁰⁵⁴라고 말하면서 김진송 연구의 의의를 높이 평가한다. 결국 김기봉이 말하고자 하는 것은 아래로부터의 역사인 문화사의 가치이다. 그리고 김진송의 저서는 바로 아래로부터 역사로서의 근대성 연구의 선구적인 작업인 것이다.

김진송에게 근대성은 '현대성'⁰⁵⁵인데, 이는 곧 동시대성을 의미하며 김진송 자신이 자신의 시대인 1990년대의 문화적 기원을 찾아가면서 만난 것이 바로 1930년대의 '모던'이었던 것이다. 1990년대 압구정동 오렌지족의 기원을 찾아가던 그는 1930년대 경성의 모던 보이와 모던 걸을 만나게 된 것이다. 그런 점에서 김진송의 연구는 한국 근대에 대한 고고학적 역사라고 할 수 있다. 한편 『서울에…』의 저자인 김진송이 미술사가이자 미술평론가인 데서 알 수 있듯이, 한국 근대문

---

053 김기봉, 154쪽

054 김기봉, 154~155쪽

055 『서울에 딴스홀을 허하라』의 부제가 '현대성의 형성'이라고 되어 있는데, 이는 김진송이 근대성(modernity)을 곧 현대성(contemporaneity)으로 보고 있음을 의미한다.

화사 연구는 광고나 패션 같은 시각 이미지에 관심을 가진 미술 분야에서 처음 시작되었다.[056] 이러한 관심은 이내 국문학 분야로 확대되면서 한국 근대문화 연구가 근대문학 연구의 확장판으로 이루어지기도 했다.[057] 이는 1990년대의 문화연구(Cultural Studies) 열풍과도 직접 관련되는 것이다.[058]

근대문화 연구는 풍속사적인 성격을 강하게 띤다. 풍속사를 가벼운 것으로 치부해도 좋다는 뜻은 결코 아니지만, 이러한 접근과 성격이 문화연구를 점점 대중문화 친화적인 경향으로 이끈 것은 사실이다. 그리하여 한국 근대에 대한 접근이 점차 역사문화적 성격을 띠게 되고, 이는 마침내 실제 현실의 대중문화와 접목되기에 이르렀다. 이는 이전에 볼 수 없었던 매우 흥미로운 현상을 낳기도 했는데, 그것은 한국사에서 일제 식민지 시기가 공식적인 암흑기로 기록되는 것에 반

---

056 1990년대 이후 한국미술사에서는 근대 시각문화 연구가 하나의 주제로 자리 잡았다. 예: 한국미술연구소 한국근대미술 시각이미지 총서 시리즈; 1. 『모던 경성의 시각문화와 관중』, 2. 『모던 경성의 시각문화와 창작』, 3. 『모던 경성의 시각문화와 일상』, 한국미술연구소CAS, 2018.

057 국문학 연구자들에 의한 근대문화 연구로는 다음과 같은 것들이 있다. 권보드래, 『연애의 시대: 1920년대 초반의 문화와 유행』, 현실문화연구, 2004; 신명직, 『모던 보이, 경성을 거닐다: 만문만화로 보는 근대의 얼굴』, 현실문화연구, 2003.

058 1990년대는 이른바 '문화의 시대'라고 불린 때이기도 하다. 1980년대가 '계급의 시대', '변혁의 시대'라고 불린 데 반해, 1990년대는 '문화의 시대'라고 불리면서 한국 사회의 분위기가 급변했다. 이는 1980년대 후반에 어느 정도 민주화가 이루어진 덕분이기도 하고 세계화와 탈근대의 바람이 불어온 탓도 있다. 그리하여 이전의 예술 분야를 넘어서 대중문화에 대한 관심이 폭발하고 이른바 문화평론가라는 새로운 지식인 그룹이 등장하기도 했다.(필자 자신이 바로 이 그룹에 속한다)『서울에... 』를 출간한 '현실문화연구' 출판사는 바로 그 중심에 있었다.

해, 근대문화 연구에서 보여주는 일제 시대는 모던한 계몽기이며 식민지 조선에도 나름대로 자본주의 소비문화가 꽃피었음을 증명하고 있기 때문이다. 그동안 정치경제적 측면에서 그려진 식민지의 상(像)이 억압적이고 어두운 반면에, 문화사 속의 식민지는 자유롭고 밝은 이미지를 드러냄으로써 극단적인 대비를 보여준다고 하겠다.

이러한 식민지 근대상(像)은 한때 '경성 노스탤지어'라는 유행 현상을 가져오기도 하고 각종 대중매체를 통한 역사문화적인 재현은 물론 근래에는 레트로(retro)라고 불리는 대중문화적 현상까지도 가져왔다고 할 수 있다. 레트로의 성지인 서울 익선동 일대에는 식민지 근대기의 문화를 테마로 한 카페와 술집, 초기 근대풍 의상 대여점이 성업 중이며, 익선동 골목에는 모던 보이와 모던 걸의 복장을 한 젊은 남녀들이 돌아다니는 모습을 심심찮게 볼 수 있다. 이처럼 식민지기에 대한 한국 사회의 공식적인 관점(암흑기)과 대중문화적(모던의 자유로움) 재현이 거의 분열증적이라고까지 할 수 있을 정도로 다른 얼굴을 드러내고 있음은 여러모로 음미해볼 만한 일이라 하겠다.[059]

하지만 어쩌면 근대의 하드웨어로서의 단단한 근대와 소프트웨어로서의 부드러운 근대는 그 단단함과 말랑말랑함의 차이에도 불구하고 결국 자본주의 근대를 이루는 동전의 양면이라고 볼 수 있다. 단단한 근대가 자본주의의 구조적 측면이라면 '부드러운 근대는 자본주의

---

059 최 범, '모던 노스탤지어, '부드러운 근대'의 반격인가, '억압된 것의 귀환'인가', 〈중앙일보〉 2018. 11. 29. 참조

의 소비문화적 경험의 측면이라고 할 수 있기 때문이다. 마르크스주의적 관점에서는 이러한 분열된 모습이야말로 한 사회의 총체성을 인식하지 못하게 만드는 자본주의적 파편화의 풍경이라고 비판할 수도 있겠지만, 아무튼 이처럼 억압(식민지)과 해방(모던)이 공존하는 것이 엄연한 근대의 현실이자 경험인 것도 분명하다. 어쨌든 한편에서는 식민지기를 악마화하는 담론이 횡행하는 반면, 다른 한편에서는 개화가 가져다준 신문물을 향수 상품으로 소비하는 양극적인 현상이 공존하는 것이 현실이다. 어쩌면 이처럼 모순되고 분열적인 풍경으로부터 한국 근대에 대한 역사적 상상력을 다시 구동시켜야 하는 것인지도 모른다.

기존 근대 담론의 성격과 한계

19세기 말 개항 당시 그러한 충격을 이해하고 설명할 수 있는 담론이 제대로 있었을 리는 만무하다. 이후 후쿠자와 유키치의 영향을 받은 유길준의 『서유견문』을 비롯한 개화파의 논의가 약간 있었을 뿐이다. 그런 점에서 다음과 같은 지적도 일리가 있다.

"동양사학자인 고병익 서울대 교수는 '근대화의 기점은 언제인가?'라는 글에서 근대화를 서양화로 정의하고, 근대사의 시점(始點)과 근대화의 기점(起點)을 구분했다. 그는 국가와 사회 내부에서 근대적인 것을 지향해서 발전하려는 의욕과 주체적 의식이 작용할 때 비로소 근대화가 시작됐다고 말할 수 있다고 보았다. 그런 점에서 일본 등에 문호를 개방한 병자수호조약(1876년)은 근대사의 '시점'은 될 수 있지만 근대화의 '기점'으로 간주하기는 어렵다는 것이었다. 그리고 1880년대 초반의 개혁, 갑신정변, 갑오경장, 동학사상과 동학란, 독립협회 운동 등을 차례로 짚어 보면서 이것들이 지속성을 갖지 못하고 짧은 시기에 단절되고 말았다는 점에서 현재까지 연속되는 근대화 운동의 기점으로 보기는 어렵다고 주장했다."[060]

그러니까 고병익은 역사와 운동을 구별하면서 19세기 말의 근대와 20세기 후반의 근대의 불연속성을 지적하고 있는 것이다. 그렇게 본다면 개항은 수동적 근대화에 지나지 않으며(여기에는 식민지 근대화도 포함될 수 있다), 한국사에서 적극적 근대화라고 할 수 있는 시기는 역시 앞서 언급한 1960년대부터라고 해야 할 것이다. 박정희의 조국 근대화, 로스토의 근대화론, 역사학계의 자생적 근대화론 등이 모두 1960년대에 등장했기 때문이다. 그런 점에서 1960년대야말로 한국 근대화 운동과 담론의 창생기라고 할 수 있겠다. 그리고 앞에서 지적했듯이, 이 시기의 근대 담론은 모두 경제 담론으로 환원된다는 공통된 특징을 가진다.

박정희의 조국 근대화는 정치적 담론으로 작용했지만 경제 개발을 목표로 한 것이라는 점에서, 로스토의 근대화론은 마르크스의 역사유

---

060   이선민, 101~102쪽

물론과는 다른 경제 발전 단계를 제시한 것이라는 점에서, 자생적 근대화론은 한국 사회의 자본주의 발생에 관한 이론이라는 점에서 경제적 근대화 담론이라고 일컬을 수 있다. 그래서 이것들은 모두 한국 자본주의 이행 담론이라고 불러도 틀리지 않다. 물론 근대세계에서 자본주의의 중심성을 부정할 수는 없다. 서구로부터 자본주의를 수용한 일본이 자국의 자본주의를 발전시키는 과정에서 제국주의의 단계에 도달하게 되고 이것을 다시 조선에 이식한 것이 식민지 근대화이기 때문이다. 그런 의미에서 이선민의 이러한 지적은 정확하다고 하겠다.

"근대화에서 가장 중요한 부분이 경제적 변화, 즉 산업화인 것은 맞다. 하지만 근대화, 특히 식민지를 경험한 후발 국가의 근대화는 그것을 넘어서 국가와 민족의 전면적 변화를 가리킨다. 그런데 낙성대경제연구소의 주장은 경제적 변화와 그것과 관련 있는 제도적 변화의 범주를 벗어나지 않는다는 점에서 식민지 근대화론보다는 식민지 경제 성장론이라는 표현이 보다 정확하다. 일제 시기의 경제적 변화가 한국인의 개발이나 경제 발전을 가져왔는가를 놓고 논쟁이 벌어진 점을 고려해서 범위를 넓힌다고 해도 식민지 경제 발전론 이상이 되기는 어렵다."[061]

심지어 자본주의 맹아론의 대표 주자인 신용하조차도 이런 문제를

061 이선민, 243쪽

제기했다고 한다.

"식민지 근대화론을 둘러싸고 1990년대와 2000년대에 벌어진 논쟁은 여러 가지 쟁점을 짚고 토론도 심화됐지만 큰 틀에서 보면 아쉬움을 남겼고 한계를 드러냈다. 그 가운데 가장 중요한 것은 식민지 근대화 논쟁이라는 이름에 어울릴 정도로 근대화에 대한 본격 토론이 진행되지 못했다는 점이다. 논쟁 초기에 신용하는 근대화는 경제적 변화(산업자본주의의 공업화)뿐 아니라 정치(독립한 입헌대의국가 수립)·사회(근대 시민사회 건설)·문화(평민·국민 중심의 근대 민족문화 발전)를 두루 의미한다고 지적했다. 하지만 두 차례의 논쟁은 일제 시기의 경제 성장 유무, 경제 성장의 성격, 1960년대 이후 경제 발전에 미친 영향 여부 등 경제적 측면만 놓고 벌어졌다. 이 과정에서 정치·사회·문화 등 근대화의 다른 측면은 전혀 언급되지 않았다."[062]

한국의 근대 담론이 경제와 자본주의라는 틀을 넘어서지 못하는 것은 단단한 근대 담론만이 아니라 부드러운 근대 담론도 마찬가지이다. 얼핏 보기에 부드러운 근대 담론은 '단단한' 근대 담론과는 기반이 달라 보이지만 그렇지 않다. 왜냐하면 부드러운 근대 담론 역시 자본주의의 다른 얼굴을 보여주는 것일 뿐이기 때문이다. 물론 '단단한' 근대 담론이 자본주의의 구조적 측면을 다룬다면 부드러운 근대 담론

---

062   이선민, 242~243쪽

은 자본주의의 일상 경험적 측면을 다룬다는 점에서 차이가 있다. 전자가 거시적이고 외재적인 접근이라면 후자는 미시적이고 내재적인 접근이라고 볼 수 있다. 하지만 둘 다 자본주의라는 생산 양식을 중심으로 전개된 담론이라는 점에서는 마찬가지인 것이다.

부드러운 근대는 한마디로 '모던'의 문화사이다. 여기에서 말하는 '모던'은 근대 일반을 가리키기보다는 오히려 하나의 문화적 양태이자 모드(mode)로서의 근대를 말한다. 이는 차라리 패션 용어에 가깝다. 그러니까 '단단한' 근대를 통해서 자본주의의 외형과 구조에 대한 이해를 할 수 있다면, 부드러운 근대로서의 '모던'을 통해서는 자본주의의 일상적 경험으로서의 내면과 속살을 만지게 된다고 할 수 있다. 물론 이럴 때 중요한 것은 이선민이 열거한 근대 논쟁 중에서 세 번째, 즉 '식민지 근대성론'이 되겠다. '식민지 근대성론'이 '자생적 근대화론'이나 '식민지 근대화론'과 다른 점은 탈근대적 관점에서 '식민지 근대성'을 논한다는 것이다. 부드러운 근대를 논한다는 것은 '식민지'를 통한 '근대성'의 내적 경험에 대한 인식이 중요하기 때문이다. 이럴 때 근대성 자체에 대해 성찰적 접근을 하는 '식민지 근대성론'이 쓸모가 있을 것이다. 한국 근대에 대한 문화사적 접근은 한국의 '식민지 근대성'의 경험 내용에 대한 탐사를 의미할 것이기 때문이다.

그러면 한국의 '식민지 근대성' 경험은 어떻게 특징지을 수 있을까. 그에 대해 우리는 재미학자 최정무의 논지에서 시사점을 얻을 수 있다. 최정무는 '식민지 근대성'의 경험을 '식민지 관객성(colonial spectatorship)'이라는 개념으로 포착한다. '식민지 관객성'이란 식민 종주국이 제공하는 황홀경(phantasmagoria)[063]에 넋을 빼앗긴 채 빠져드는 식민지인의 상태를 가리킨다. 말하자면 식민지란 식민 지배자들이 주역이 되어 화려한 연기를 펼치고 식민지인은 관객이 되어 구경하는 일종의 무대라는 것이다. 최정무는 자크 라캉의 영향을 받은 로라 멀비(Laura Mulvey)의 영화 이론에서의 관객 경험에 관한 분석을 끌어와 식민지인의 경험을 설명한다.[064] 최정무는 한 사례로 일제 시대의 한국문학 작품에 일본인이 거의 등장하지 않는 것은 기이한 일이라고 하면서도 그 이유를 이렇게 분석한다.

"식민지 조선인들도 식민 지배자들의 정체를 엿보고 싶은 관음증적 충동을 가졌을 수 있다. 그러나 가부장제와 동일시되는 식민 지배자와 여성화된 식민지 조선 사이의 젠더 관계로 인해 조선인들이 남성적 시선인 관음증적 시선을 작동시키는 것은 불가능하게 된다. 영화 이론을 비롯한 시각 이론에 나타난 대로 오직 남성적 시선만이 관

---

063 주마등(走馬燈)이라고 번역하는 것이 더 적절해 보인다.(필자 주)

064 페미니스트 학자 로라 멀비는 Visual Pleasure and Narrative Cinema라는 논문에서 영화가 주는 쾌감 중에는 당시증(瞠視症) 또는 절시증(竊視症)이라고 번역되는 scopophilia가 있다고 했다. 즉 응시 그 자체가 쾌감의 원천인 그런 이상 성욕이다. 관음증이 바로 그런 것이고, 그 반대의 경우도 마찬가지여서 통상 우리가 바바리맨이라고 부르는 노출증도 이런 증세의 일종이다. 미모의 여성이 사람들 사이를 당당하게 걸어가며 자신이 모든 사람들의 시선을 한 몸에 받고 있다고 느끼는 것도 바로 이런 쾌감으로 설명할 수 있다. 라캉은 마르그리트 뒤라스의 소설 『롤 베스타인의 황홀』을 예로 들며 절시증을 설명한 바 있다. 참조: 박정자, 『바로 곁에 라캉』, 도서출판 기파랑, 2023.

음증적일 수 있다면 조선인들이 일본 식민 지배자들에 대해 관음증적 시선을 갖는 것은 남성적 민족주의에 의해서만 가능하다… 따라서 식민지 관객성이 식민 지배자를 볼 수 있는 유일한 통로는 앞서 언급한 바와 같이 식민 종주국을 재현하는 사물성(thingness)과 연관관계를 맺는 물신화된 시선이다. 한국인은 이렇게 사물성 또는 식민 종주국의 물질성(materiality)이라는 매개를 통해서만 일본 식민주의를 경험하게 되는데… 이러한 관계 속에서 한국인에게 보여 지는 자본주의 세계 체제 속의 일본은 한국인이 소외되어온 상품들이 가득 전시된 세계일 뿐이고, 이 세계는 한국인의 욕망과 매혹을 부추긴다."[065]

그러니까 최정무는 젠더적으로 여성화된 한국인들은 남성화된 일본인을 관음증적 시선으로 바라볼 수가 없으며(그것은 남성에게만 가능하기 때문에), 오로지 일본인들이 만들어낸 물질적인 요소들만을 경험할 수 있을 뿐인데, 이는 한국인에게 욕망의 쇼윈도로 작용한다고 설명하고 있는 것이다.

부드러운 근대의 경험이란 이런 것이 아닐까. 이는 달리 말하면 '생산 없는 소비'로서의 자본주의 경험이라고 할 수 있다. 개항 이후 자본주의의 이식 과정에서 이루어진 식민지 공업화는 일본이 주도한 것이고 조선인의 참여는 매우 제한적이었다. 따라서 이 때 조선인에게

---

065 최정무, '경이로운 식민주의와 매혹된 관객들', 『문화 읽기: 삐라에서 사이버 문화까지』, 현실문화연구, 2000. 86~87쪽

자본주의의 경험이란 생산 참여보다는 오히려 소비생활을 통해서 이루어지게 되고, 이것이 곧 부드러운 근대의 내용을 채우게 되었던 것이다. 이를 고고학적 방법으로 드러내 보여준 것이 바로 김진송의 『서울에...』였다. 여기에서 1930년대의 모던은 '식민지 모던'으로서 '식민지 관객성'의 한 가지 구현 방식이었다고 할 수 있겠다.

최정무는 '식민지 관객성'의 경험을 남태평양 섬 원주민들의 '화물숭배(cargo cult)'[066]에 비유하기도 한다. 최정무는 삼풍백화점과 성수대교 붕괴 사고를 예로 들면서 한국의 근대화는 결국 일본 식민 지배자들이 만들어낸 환영(판타스마고리아)를 재현하려는 욕망에 사로잡힌 것이라고 해석한다. 즉 한국인들은 식민지 경험을 통해서 제국의 생산물을 소비하는 경험만을 했을 뿐 그것을 자신의 손으로 만들어보면서 원리를 익히지는 못했다는 것이다. 그것이 나중에 후발 산업화를 통해서 추격하면서 날림으로 추진한 결과가 예의 사고들을 만들어낸 원인이라는 것이다.

---

066 화물숭배란 비서구인들이 서구인의 문물을 과학기술적으로 이해하지 못하는 상태에서, 자신들의 시각으로 신비하게 받아들이는 방식의 일종이다. 예를 들면 태평양전쟁 때 남태평양의 섬들을 점령한 미군이 활주로를 건설하고 군용기들을 이착륙시키면서 화물을 내리는 과정에서 보급품의 일부를 섬 주민들에게 나누어주었는데, 나중에 작전이 끝나고 미군이 떠나버린 뒤에도 그 경험이 반복되기를 기대하면서 벌이는 원주민의 의식 등이 그렇다. 원주민이 경험한 바에 따르면 하늘에서 커다란 새가 내려와 자신들에게 선물을 주고 떠난 것인데, 원주민들은 그들(미군)이 다시 와서 자신들에게 선물을 주기를 바라면서 나뭇가지 등으로 모형 비행기를 만들고 미군이 버리고 간 군복을 입고 행진을 하는 등의 기원 의식을 행한다는 것이다. 흥미로운 것은 실제로 미해군이 지금도 크리스마스가 되면 전쟁 당시 원주민의 도움에 감사하는 의미에서 수송기에 선물을 싣고 투하한다는 것이다. 화물숭배는 놀랍게도 실현되고 있는 것이다.

"한국의 근대화는 이를테면 과거에는 보이기만 하고 소유할 수는 없어 물신화됐던 상품들을 소비할 수 있도록 변화시키고 회복시키는 숨 가쁜 경주였고, 그 안에는 근대적 사물의 재현가치(representational value)에 대한 과도한 집착이 그 근저에 있는 생산 양식의 중심을 이루고 있었다. 그리하여 한국의 근대화 이데올로기는 근대를 기술 문명의 핵심인 합리주의와 과학주의에서 찾는 것보다 외양 혹은 시각적 재현에서 구하는 것을 더 중요시하게 되었다. 그리고 그러한 생산 양식은 이미 물신주의에 기반을 두고 있기 때문에 그 생산 과정과 생산 논리는 감춰지게 마련이었다. 이것이 후기 식민 한국에서 근대성 중 사물성의 주술적 측면만이 강조되는 이유이다. 그러나 식민지 모방은 진열장 안쪽에서 경험하는 감각적이고 촉각적인 것이 아닌, 진열장 밖에서 보는 시각적 모방이다. 여기서 우리는 모방과 주술에 사용되는 접촉매체가 상호 침투된 자본주의의 유감주술을 보게 된다. 성수대교와 삼풍백화점 등 부실공사로 인한 참사사고는 자본주의를 미처 체화하지 못한 채 물신숭배만을 했던 주술의 결과이다."[067]

이렇게 해서 결국 '단단한' 근대와 부드러운 근대는 자본주의 근대 논의 속에서 하나로 만난다. 다만 '단단한' 근대는 생산의 측면에, 부드러운 근대는 소비의 측면에 주목한 것일 뿐이다. 다시 말하지만 자본주의는 근대를 특징짓는 가장 중요한 현상이고 그것의 생산 측면과

---

067 최정무, 87쪽

소비 측면을 입체적으로 이해하는 것은 매우 중요한 일이기는 하다. 하지만 그럼에도 불구하고 자본주의에 대한 설명으로 근대가 모두 해명되는 것은 아니다. 우리는 그러한 측면 못지않게, 아니 그 이상으로 근대의 다른 측면들, 그리고 문화적 측면이라고 하더라도 소비문화만이 아닌, 더 광범위한 차원에서의 정신적 측면들에도 주목해야 한다고 본다. 한국 자본주의 이행론과 근대 문화사는 따로 놀지 말고 더 높은 차원에서, 한국의 근대화에 대해 설명할 수 있어야 할 것이다. 그럴 때 그러한 접근들은 한국 근대를 포괄적으로 이해하는데 기초적인 발판이 될 수 있을 것이다.

근대 담론의 지평 확대

한국 근대에 대한 보다 깊이 있는 이해를 위해서는 단단한 근대와 부드러운 근대를 넘어서는 새로운 인식론적 지평이 요구된다. 정치·경제·사회·문화 전 영역에 걸친 근대 담론이 요청되는 이유이다. 기존의 경제(자본주의)에 한정된 근대 담론을 삶의 전 영역에 걸쳐서 확대시켜야 한다. 그럴 때 한국 근대의 전체상이 포착될 수 있을 것이다. 이때 빠뜨리지 말아야 할 것은 주체성에 대한 물음이 아닐까 생각한다. 그러니까 한국 근대의 주체는 누구인가. 한국의 근대인은 누구인가. 그는 과연 근대적 주체인가. 삶의 전 영역에 걸쳐 근대화가 초래한 변화들과 그에 대응하는 주체 형성이 논의되어야 한다. 사회 구성 영역에 대한 논의에는 반드시 그 이전에 근대 주체에 대한 담론이 선행되어야 한다.

결국 한국의 근대를 말하기 위해서는 근대적 주체성은 무엇인가 하는 것을 물어야 한다는 것이다. 역사란 결국 인간을 주인공으로 하는 무대이기 때문이다. 그 인간 주체성의 성격이 무엇이든지 간에 말이다. 그래서 식민지 근대화의 구조적 요인들에 대한 해명과 함께, 그런 과정에서 최정무가 말하는 식민 종주국의 문화에 대한 식민지 관객성의 경험, 그리고 공적이고 제도적인 영역에서의 식민지 규율 등이 결과한 주체성은 과연 무엇이었나, 이것은 한국의 전근대적 주체성과는 어떤 차이를 보이는가 하는 것이 해명되어야 한다.

부드러운 근대의 문화사 담론도 나름 식민지 근대화가 빚어낸 자본주의 소비 주체의 경험을 드러내기는 했지만, 그 역시 매우 제한적인 범위를 벗어나지는 못한다. 기존 근대 연구에서 근대 주체에 관한 것으로는 문화과학사에서 펴낸 『근대 주체와 식민지 규율 권력』[068]이 유일한데, 이는 푸코의 생체 권력(bio-power) 개념을 기반으로 삼아 한국의 식민지 근대 주체에 대한 분석을 행한다. 한국의 근대 주체가 식민지 규율을 통해서 형성된 것은 분명하지만, 이 역시 푸코의 권력 개념에 기계적으로 끼워 맞춰 넣으려는 의도가 강하게 느껴진다.

왜냐하면 근대 주체만이 아니라 모든 시대의 주체는 권력과 규율에 의해 만들어진 것이기 때문이다. 그런 점에서 근대의 식민지 주체 형성을 이야기하기 위해서는 먼저 전근대사회의 주체 형성에 대한 이해

---

068   김진균 외, 『근대 주체와 식민지 규율 권력』, 문화과학사, 1997.

가 선행되고 난 뒤 그와의 비교 분석이 이루어져야 한다. 적어도 푸코의 경우 고전주의(16세기 전후) 주체와 근대(18세기 말 이후) 주체의 차이를 전제로 하고 있지만, 이 책은 한국의 전근대 주체와의 관계에 대해 아무런 관심도 해명도 보이지 않고 있다. 한국의 식민지 근대 주체가 역사적 맥락 없이 훌쩍 뛰어넘어서 갑자기 푸코의 서구 근대 주체 담론 속으로 미끄러져 들어가 버리고 마는 것이다.

이 부분은 앞서 언급한 식민지 근대성론의 관점에서 접근해야 하는 것인지도 모른다. 이선민에 따르면 식민지 근대성론의 선구적인 작업인 『한국의 식민지 근대성』[069]의 편자(編者)들은 이렇게 말하고 있다.

"… 식민지 시기의 한국사를 보다 입체적으로 이해하기 위해 식민주의, 근대성, 민족주의의 3차 관계로 바라보자고 제안했다. 일본 제국주의가 한국을 식민 통치하면서 활용했던 이념이나 정책과 관련해서 경제적 지배와 정치적 억압뿐 아니라 식민지인의 자발적 동의를 끌어내기 위해서 행사했던 헤게모니에 주목하자고 요구했다. 근대성은 그것이 세계사의 보편적 경로도 아니고 역사적 필연도 아니라는 전제 아래, 개항 이래 한국인이 근대화와 민족적 정체성의 보존 또는 재구성이라는 이중 과제에 직면했다고 지적했다. 민족주의는 일본 식민 지배로부터의 해방이라는 단일한 관점에서 벗어나 식민지기에 정치 공동체의 재현을 놓고 경쟁했던 다양한 담론과 정체성을 있었던

---

069   신기욱·마이클 로빈슨 편, 도면회 옮김, 『한국의 식민지 근대성』, 삼인, 2006.

그대로 바라볼 것을 주문했다."[070]

역사학자 중에는 윤해동 같은 이가 이러한 관점에서 식민지 근대를 재해석하는 작업을 꾸준히 해오고 있다.[071]

그리고 한국 근대 담론의 지평 확대를 위해서 주목해야 하는 또 다른 관점은 문명론적 접근이 아닐까 한다. 앞서 잠시 언급했듯이, 김용섭은 한국 근대 연구를 문명론으로 상승시킨다. 이선민은 김용섭의 저서 『동아시아 역사 속의 한국 문명의 전환』[072]에 대해서 이렇게 말한다.

"이 책은 평생 농업사를 중심으로 한국 경제사 연구에 몰두해온 그가 새로운 문제의식에 입각해서 쓴 매우 이색적인 저서였다. 그동안 견지해온 일국사적 관점이 아니라 문명 전환의 관점에서 한국사를 거시적으로 조감했기 때문이다. 이 책에서 김용섭은 한민족이 태반 문명에서 중국 문명을 중심으로 한 동아시아 문명으로, 그리고 다시 서구 문명을 중심으로 하는 세계문명으로 전환하는 두 차례의 문명 전환과 세계화 과정을 밟아왔음을 설명했다."[073]

070　이선민, 248쪽
071　윤해동, 『식민지의 회색지대』, 역사비평사, 2003; 『탈식민주의 상상의 역사학으로』, 푸른역사, 2014. 외
072　김용섭, 『동아시아 역사 속의 한국 문명의 전환』, 지식산업사, 2015.
073　이선민, 264쪽

주목할 관점의 변화가 아닐까 싶다. 아울러 거시적으로 볼 때, 19세기 말 개항 이후의 '문명개화론'이 주제가 되었던 시기를 한국 근대 담론의 제1기, 주로 경제 담론으로서 자본주의 이행 논쟁에 집중된 1960년대 이후의 시기를 제2기로 구분해볼 수 있겠다. 그리고 이제 보다 확대된 새로운 지평으로서의 근대 담론의 제3기가 요청된다고 한다면, 이미 21세기에도 깊숙이 들어선 현재 제3기의 근대 담론은 문명론 차원에서 전개되어야 하지 않을까 한다. 물론 여기에서 말하는 문명론은 제1기의 문명개화라고 할 때의 문명과는 다른 층위이다. 제3기의 문명론으로서의 근대 담론은 개항 이후 한국의 근대사 150년을 되돌아보는 한편 한국사 전체를 거시적으로 성찰하는 가운데 전개되어야 할 것이다. 그것은 다시 말하면 한국의 근대를 동아시아의 중세문명으로부터 세계사의 근대문명으로의 문명 전환이라는 시각을 가지고 접근하는 것을 말한다.[074]

숲속에서 길을 잃으면 출발점으로 다시 돌아가야 한다는 말이 있다. 여러모로 어지러운 21세기의 국내외 정세 속에서 길을 잃어버린 지금, 우리가 다시 돌아가서 되돌아봐야 할 시점은 한국 근대의 시원, 즉 150년 전의 개항, 그때가 아닌가 싶다. 그러기 위해서는 한국 근대 담론의 문명론 층위로의 상승이 필요해 보인다. 한국의 근대는 단지 자본주의이거나 국민국가이거나 대중문화의 형식만은 아니기 때문이

---

074 이런 시각은 조동일에게서도 발견된다. 『동아시아 문명론』, 지식산업사, 2010.

다. 그것은 근본적으로 인간 삶의 가장 상위인 문명의 형식이기 때문이다. 지난 150년간 한국의 역사적 변화가 중세로부터 근대로의 문명 전환이라면, 그것은 한국인의 삶의 형태가 가장 근본적인 차원에서 변화했음을 의미하기 때문이다. 따라서 한국 근대 연구는 바로 이 점을 최상위의 과제로 삼지 않으면 안 될 것이다.

다음 근대화?

-'외재적 근대화'를 넘어 '내재적 근대화'로

근대국가 대한민국

올해는 대한민국이 태어난 지 75년이 되는 해이다. 일제로부터 해방되고 3년간의 미군정을 거친 뒤 1948년에 건국된 나라가 대한민국이다. 이처럼 자명한 역사적 사실과는 달리 정작 대한민국을 어떻게 볼 것인가 하는 역사적 이해의 문제에는 커다란 균열이 존재한다. 이는 곧 대한민국관의 문제이다. 우리는 항용 대한민국을 근대국가(modern state)라고 부르지만 과연 그 의미를 제대로 알고 있는 것일까. 사실 그 안에는 두 가지 의미가 충돌하고 있다. 하나는 민족국가로서의 대한민국이며, 다른 하나는 국민국가로서의 대한민국이다. 물론 민족국가와 국민국가 모두 영어 '네이션 스테이트(nation state, 이하 NS)'의 번역어지만, 그 의미는 크게 다르다. '네이션'을 어떻게 이해하는가에 따라서 네이션 스테이트의 의미가 달라지기 때문이다.

민족국가로서의 NS는 한민족의 국가라는 의미가 지배적이다. 이때 네이션은 종족(ethnic group)을 가리킨다. 따라서 민족국가로서의 NS는 한민족이 근대라는 시기에 건설한 종족국가(ethnic state)인 것이다. 대한 민국을 후조선이라고 부르는 농담 역시 그런 의미에 기반 해서 가능한 것이라고 본다. 하지만 국민국가로서의 NS는 민족국가로서의 NS와 다르다. 이때 네이션은 민족이 아니라 국민이며, 대한민국은 민주 공화국이라는 정체와 국체를 공유하는 국민으로 구성된 국가라는 의미를 갖는다. 여기에서 핵심은 종족이라는 혈연 공동체(게마인샤프트)로서의 국가가 아니라, 근대국가라는 정치 결사체(게젤샤프트)로서의 국가라는 것이다. 따라서 국민국가로서의 NS는 곧 시민국가(civil state)인 것이다. 물론 현실에서 민족국가와 국민국가라는 표현은 혼용되고 있지만, 그 문자적 의미를 따지면 이렇게 구분하는 것이 맞다.

대한민국을 민족국가로 보는 것은 전형적인 좌파의 관점이다. 한국의 좌파가 보기에 대한민국은 한민족의 유구한 역사 속에 위치하는 또 하나의 종족국가일 뿐이다. 그런 관점에서 보면 대한민국은 이씨 조선이나 북조선과 차이보다는 동질성이 훨씬 더 큰 혈연 공동체인 것이다. 이처럼 한국 좌파는 기본적으로 혈연 공동체에 기반 한 대한 민국관을 가지고 있기 때문에, 그들이 이씨 조선이나 북조선에 대해 매우 친화적인 의식을 지니고 있는 것은 전혀 놀라운 일이 아니다.

이영훈은 한국의 민족주의가 서구 근대의 내셔널리즘과는 달리 한 민족이라는 종족에 기반 해 있기 때문에 종족주의라고 불러야 한다고 말한다. "그런 점에서 한국의 민족은 근세의 서유럽인들이 그들의 종교, 신화, 민속에서 발견한 자유인의 공동체로서 민족과 상이합니다. 서유럽에서 생겨난 민족은 왕과 귀족의 횡포에 저항하는 자유 시민의 공동체였습니다."[075] 그에 반해 대한민국을 국민국가로 보는 것은 우파의 국가관이다.[076] 우파적 관점에서 볼 때, 대한민국의 본질은 한민족이라는 종족 정체성에 있는 것이 아니라 자유민주주의라는 근대 정치 체제의 정체성에 있는 것이다.

결론적으로 말하면 대한민국을 좌파는 종족국가로, 우파는 시민국가로 본다는 것이다. 따라서 이 둘 사이에는 화해할 수 없는 인식의 간극이 존재한다. 대한민국을 이씨 조선이나 북조선과 같은 종족국가라고 보면, 이들 국가 사이의 정체와 국체의 차이는 부차적인 것이며 중요하지 않은 것이 된다. 그런 만큼 이씨 조선과 북조선과 대한민국은 차이와 단절보다는 동일성과 연속성이 더 큰 것으로 이해된다. 조선을 무의식적으로 우리나라라고 부르는 사람이 적지 않은 것도 결코 이와 무관하지 않다.

그런데 과연 그럴까. 대한민국을 근대 국민국가라고 보면 정체와 국체 어느 면에서도 이씨 조선과 북조선과 대한민국 사이에는 동질성과 연속성을 말하기가 어렵다.[077] 대한민국은 한민족의 국가이기 이전

---

075 이영훈 외, 『반일 종족주의』, 미래사, 2019. 249쪽

076 정확하게 말하면 실제로 그런지 의심스러운 바가 없지 않지만, 우파라면 마땅히 그래야 한다.

077 물론 근대국가에는 민주주의 국가만이 아니라 권위주의 국가, 일당독재 국가도 포함된다. 하지만 북조선을 단순히 일당독재 국가로 보아야 할지는 의문이다. 북조선은 국체상 중세 왕정국가에 가깝다.

에, 아니 한민족의 국가를 넘어서 세계사적 차원에서의 근대국가이기 때문이다.[078] 이러한 좌파와 우파의 국가관의 차이는 오늘날 한국 사회의 중요한 균열의 배경이자 동시에 그러한 균열을 드러내는 지점이 된다. 문제는 좌파의 종족적 관점에서 보았을 때 대한민국이라는 국가의 성격이 제대로 파악되지 않는다는 사실이다. 그럴 경우 대한민국은 그저 단군조선부터 현재까지 이어지는 기나긴 민족사의 한 고리에 불과할 뿐, 20세기 후반에 한반도에 성립된 근대국가로서의 대한민국의 특수성은 포착될 수 없기 때문이다.

하지만 대한민국을 세계사의 근대라는 관점에서 보면 전혀 다른 의미를 발견하게 된다. 우파적 관점에서 볼 때 대한민국은 유럽, 미국, 일본과 자유민주주의라는 가치를 공유하는 동렬의 국가에 속한다. 그리고 이러한 국가는 한민족의 역사에서 최초로 등장한 것이다. 하지만 종족적 관점은 대한민국의 이러한 성격을 제대로 보지 못하게 만들고 한국사에 대한 인식을 평평하게 만들어버린다. 한국사를 단군 성조로부터 이어지는 장구한 종족의 역사로만 보는 것은 오늘날 도저히 받아들이기 힘든 신화사관일 뿐이다. 종족이 분명 한국인에게 연속적 정체성을 부여해주는 하나의 요소인 것은 맞지만, 그것이 다른 모든 요소를 압도하거나 배제해버리는 것은 올바른 역사적 관점이라

---

078 "근대국가(modern state)는 서구의 발명품이다. 좀 더 정확하게 말하면 근대국가는 우리가 중세 말-근세 초기라 부르는 15~18세기에 프랑스, 영국, 스페인, 스웨덴 그리고 현재 독일어권을 이루는 지역의 일부에서 처음 등장한 '유럽제(made in Europe)' 이다. 이후 근대국가의 존재양식은 세계 여타 지역으로 확산되었고, 오늘날 근대국가는 '국가(the state)' 그 자체와 동일시되곤 한다." 김준석, 『근대국가』, 책세상, 8쪽

고 하기 어렵다. 한국사는 종족의 역사이기 이전에, 아니 그 이상으로 훨씬 더 복잡다기한 문명의 역사이기도 하기 때문이다.

역사에는 변화와 연속성이 공존한다. 변화가 없으면 역사가 아니며, 연속성이 없다면 역사의 주소지가 불분명해질 것이다. 혈연과 지연이 역사의 연속성을 부여해주는 1차적 요소라면, 문명과 체제는 역사의 변화를 만들어내는 2차적 요소라고 할 것이다. 따라서 이 두 가지 요소를 함께 균형 있게 보는 것이 역사의 이해에 필수적이다. 대한민국의 역사는 어떠할까. 대한민국은 분명히 한반도에 성립된 한민족의 국가인 것도 맞고, 그 점이 바로 대한민국에 종족적 정체성을 부여해주는 요소인 것도 맞지만, 그와 동시에, 아니 그 이상으로 한반도와 한민족의 역사에서 일찍이 볼 수 없었던 다른 문명과 체제를 소유한 국가라는 점에서, 대한민국의 이해에는 연속성 못지않게 단절적 인식이 더 요구되는 것이다. 대한민국이라는 국가의 성격을 정확히 알기 위해서는 민족국가라는 종족적 관점에서 벗어나야 한다. 대신에 근대 문명의 관점에서 보아야 한다.

대한민국의 길, 근대화의 길

대한민국을 근대 국민국가, 즉 종족국가가 아닌 시민국가로 볼 때 비로소 한국 근대사 속의 대한민국, 대한민국 속의 한국 근대사가 잘 인식될 수 있다. 올해가 대한민국 건국 75주년이라면 3년 뒤인 2026년은 1876년 개항을 기점으로 하는 근대화 150년이 된다. 그렇게 보면 대한민국의 역사는 한국 근대사의 절반을 차지한다. 따라서 대한민국의 길을 묻는 것은 곧 한국 근대화의 길에 대한 물음과 뗄 수 없다. 대한민국 역사를 한국 근대사의 노정(路程) 속에서 보아야 하는 이유이다.

대한민국을 민족국가로 보는 것은 민족사관, 국민국가로 보는 것은 문명사관에 기반한다. 민족사관에 입각해서 대한민국을 바라보는 대표적인 저작이 바로 『해방전후사의 인식』(이하 『해전사』)이다. 특히 1980년대 이후 좌파 진영의 역사관의 토대가 된 이 텍스트의 중요성은 아무리 강조해도 지나치지 않을 것이다. 『해전사』은 제목에서 드러나는 그대로 1945년 일제로부터의 해방을 한국 근대사의 가장 중요한 사건으로 보는데, 이 역시 민족을 유일한 역사의 주체로 보기 때문이다. 따라서 해방을 기준으로 보면 그 이전은 식민지 시대, 이후는 분단 시대가 된다. 역시 이런 관점에 서면 대한민국은 민족 통일이 되지 못한 분단국가이며 결손 국가일 뿐이다. '대한민국은 태어나지 말아야 할 나라'였다는 인식 역시 그러한 관점의 연장선상에서 나온 것으로서 『해전사』의 토대가 되는 대한민국관이라고 할 수 있다. 이러한 민족주의적 관점에서 볼 때 (민족국가로서의) 근대국가의 완성은 통일에 있다.

해방의 중요성을 부정할 이유는 없다. 하지만 문명사적 관점에서 보면 해방을 한국 근대사에서 가장 중요한 사건으로 보아야 할 이유도 없다. 해방을 기준으로 한국 근대사를 반분(半分)할 것이 아니라, 반대로 한국 근대사 전체에 대한 조망을 통해서 해방을 반추해보아야 하지 않을까. 그러기 위해서는 1945년 해방으로부터 1876년 개항으로 거슬러 올라가야 한다. 한국 근대사의 공식적인 기점은 어디까지나 개항이기 때문이다. 따라서 1945년이 아니라 1876년을 기준으로 한국 근대사를 바라보아야 하는 것이다. 그럴 때 1945년의 해방은 물론이고 그 이전과 1948년 이후 대한민국 75년의 역사와 의미도 제대로 짚어질 것이다.

이는 물론 단순히 해방으로부터 개항으로의 사건적 전환이거나 75년을 넘어서 150년으로의 시간적 확장이 아니다. 이것은 한국 근대를 보는 역사적 패러다임의 전환을 의미한다. 그것은 한마디로 말하면 '민족사에서 문명사로의 전환'[079]이라고 할 수 있다. 물론 이러한 관점은 이미 이영훈 등에 의해 제시된 바 있다. 나는 민족사보다는 문명사의 관점이, 『해전사』의 관점보다는 이영훈의 관점이 옳다고 본다. 이러한 문명사적 관점에서 보면 대한민국은 한국 역사 속의 종족국가 중 하나가 아니라 한민족 역사 최초의 근대국가인 것이다.[080] 따라서 대한민국의 성격을 제대로 이해하기 위해서는 문명사적 관점을 취해야 한다. 그런 점에서 대한민국 역사를 통해서 한국 근대와 근대화의 성격이 어떤 것인지를 묻는 것은 지금 우리에게 너무나도 긴요

---

079 참조: 이영훈, '민족사에서 문명사로의 전환을 위하여', 임지현·이성시 엮음, 『국사의 신화를 넘어서』, 휴머니스트, 2004, 35~99쪽

080 물론 한국인이 경험한 최초의 근대국가는 일제의 식민지 조선이지만, 이를 한민족 주체의 근대국가로 볼 수는 없다. 역사학자 윤해동은 이러한 국가 체제를 분석하여 새로운 유형을 제시하고 있다. 『식민국가와 대칭국가』, 소명출판, 2022.

한 물음이 아닐 수 없다. 대한민국 역사에 대한 물음은 자연스레 한국 근대사에 대한 물음으로 넘어간다.

근대화의 양태: 외재적 근대화와 내재적 근대화

근대화의 양태는 크게 둘로 구분할 수 있다. '외재적 근대화'와 '내재적 근대화'가 그것이다. 쉽게 말해서 외재적 근대화는 제도와 물질의 근대화이고 내재적 근대화는 의식과 정신의 근대화이다. 외재적 근대화는 근대의 하드웨어이고 내재적 근대화는 근대의 소프트웨어라고도 할 수 있다. 과연 물질과 정신을 기계적으로 나눌 수 있는가 하는 물음이 제기될 수 있겠지만, 한국의 현실을 보면 과연 이보다 더 날카롭게 구분되는 것이 따로 있을까 싶을 정도로 이 둘은 명확히 구분된다. 역사의 발전 양상에 대해서는 '불균등 발전'이니 '비동시적인 것의 동시성'이니 하는 언설들이 이미 익숙하게 존재한다. 하지만 한국의 근대화는 그러한 언설로도 형용이 부족할 정도로 외재적 근대화와 내재적 근대화의 불균등 발전과 비동시성의 양상을 매우 강하게 드러내고 있다.

물론 외재적 근대화는 경향적으로, 그리고 장기적으로 내재적 근대화에 영향을 미치겠지만, 적어도 한국의 현실을 보면 그것은 예측을 불허할 정도로 장기적이고 분리적인 것이지 않을까 추측될 정도이다. 적어도 현재까지로 볼 때 한국의 외재적 근대화는 내재적 근대화에 거의 아무런 영향도 미치지 못하고 있으며, 이 둘이 완전히 따로 운동

한다는 사실, 어쩌면 이보다 한국 근대의 성격을 잘 보여주는 것은 없지 않을까 한다.(물질적 근대화가 이루어져도 정신적 근대화는 이루어지지 않는다!) 아무튼 이러한 잠정적 판단하에 한국 근대의 외재적 측면과 내재적 측면을 비교하면서 한국 근대화의 양태에 대해서 살펴보고자 한다.

외재적 근대화: 제도와 물질의 근대화

주지하다시피 한국의 근대는 외부의 충격에 의해 시작되었다. 그것은 19세기 후반 서세동점의 과정에서 서양과 일본이라는 외부로부터 이식된 것이었다. 그것은 크게 두 영역으로 이루어졌다고 할 수 있다. 하나는 제도의 이식이고 또 하나는 물질의 이식이었다. 사실 제도와 물질은 분리할 수 없을 정도로 일체화된 것인데, 제도는 물질적 이식의 조건이 되고 물질은 제도적 이식의 증거가 된다. 이 둘은 상호의존적이다.

먼저 근대의 제도적 이식은 일본의 지배와 함께 시작되었다. 일본은 한국을 식민 지배하면서 근대적 제도를 광범위하게 이식하였다. 물론 그러한 근대적 제도는 일본 자신이 근대화 과정에서 서구로부터 학습하고 이식한 것이었다. 그리하여 일본은 한국 근대의 매개자 역할을 한 셈이다. 한국의 근대 자체가 서구의 근대가 일본을 거쳐 이 땅에 들어온 것이니만치 당연한 것이라고 할 것이다. 특히 일본에 의해 이식된 제도 중에서도, 과거 이 땅에서는 볼 수 없었던 가장 중요하고도 인상적인 것은 '개인'과 관련된 것이었다. 법적 권리 의무의 주체로서 개인이 처음으로 등장한 것이다. 물론 그것은 일단 민법(民法)이라는 제도적 형식을 통해서였다. 이는 한국 역사 최초로 근대적 주체(개인)가 성립할 수 있는 제도적 조건을 제공한 것이었다. 그 의의에 대해 이영훈은 이렇게 말한다.

"저는 한국사에서 개인의 탄생은, 그를 통한 근대의 출발은 1912년의 조선민사령과 조선형사령에 의해서라고 생각하고 있습니다. 물론 출발 그것은 결코 완성이 아닙니다. 두 법령은 어디까지나 일본의 법으로서 식민지 조선에 이식된 것입니다. 이식 그것은 조그만 출발에 불과하였습니다. 여러 식민지에서 근대의 이식은 형식에 그치거나 불구로 귀결됨이 일반적이었습니다. 성공적인 정착을 위해선 전통사회와 문명으로부터의 적극적인 대응이 있어야 합니다."[081]

이는 물론 개인의 권리를 보장함으로써 개인 간의 계약에 의한 거래를 발생시키고, 그를 통해 시장을 형성함으로써 자본주의 체제를 이식하기 위한 가장 기본적인 조치였다. 이러한 제도를 통해서 자본주의 체제의 기본적인 틀이 갖추어졌다. 이것은 크게 보았을 때 세계사적 자본주의 체제의 이식이었다고 할 수 있다. 일본의 조선 지배 역시 그러한 세계 자본주의 운동의 일환이었던 것이다. 하지만 이는 오

---

081 이영훈 외, 『반일 종족주의와의 투쟁』, 미래사, 2021. 313쪽

로지 제도적 차원에서의 일이다. 제도적 차원이 중요하지 않은 것은 전혀 아니지만, 정확하게 말하면 근대적 의미의 개인은, 적어도 의식과 정신의 차원에서의 개인은 아직도 이 땅에서 찾아보기 어렵다. 이는 제도와 의식 사이의 간극이 그만큼 크다는 것을 말해준다. 이영훈의 말처럼, 이는 전통사회와 문명으로부터의 적극적인 대응이 있어야 함을 의미한다. 이것은 결코 쉽지 않은 일이었다. 이에 대해서는 뒤에서 논할 것이다.

아무튼 이처럼 일제 식민지 시기에 각종 근대적인 제도들이 한국에 들어온 것은 사실이고, 그것은 주로 법의 형식을 띤 제도들이었다. 이러한 제도적 근대화를 기반으로 물질적 근대화도 어느 정도 이루어졌다. 이른바 식민지 근대화론은 이러한 일제 시대의 제도와 물질의 차원에서의 근대화를 한국 근대의 기원으로 설명하는 이론이라고 할 수 있다. 식민지 근대화에 대해서는 치열한 찬반논쟁이 있다.

하지만 본격적인 물질적 근대화는 대한민국에 와서 이루어졌다고 할 수 있다. 1960년대 집권한 박정희 정부의 조국 근대화가 그 시발이었다. 이것은 19세기 말의 개화파 운동 이후 등장한 본격적인 한국의 자주적인 근대화 운동이었지만, 이 역시 물질적 영역에 한정된 것이었다. 아무튼 이러한 물질적 근대화는 대성공을 이루었다고 할 수 있다. 이러한 한국의 경제 개발에 일제 식민지의 유산이 어느 정도 작용했는가는 예의 식민지 근대화론을 둘러싼 논쟁의 핵심을 이루는 것이다.

대체로 일본의 식민 지배가 남긴 유산, 즉 일본에 의해 이식된 요소들은 크게 법률 등의 제도적 요소, 철도와 공장 등의 사회 기반적 요소, 근대 교육에 의한 인적 자원 요소를 드는데, 이에 대한 평가가 어떠하든 간에 이것들이 한국 근대의 제도적·물질적 측면, 즉 외재적 근대화를 이루는 것들임은 분명하다. 어쩌면 이러한 외재적 근대화는 식민지 형식을 통해서 가능한 근대화의 최대치였다고 할 수 있다. 이는 반대로 식민지 근대화만으로는 결코 의식과 정신의 근대화, 즉 내재적 근대화가 가능하지 않다는 말이 되기도 하다.

"세계 문명의 발전사를 보면, 어느 지역에서 새로운 사상과 제도가 출현하고 그것이 보편성을 가질 경우 다른 지역으로 퍼져 나갑니다. 다른 지역은 이를 받아들이면서 기존의 문명이 더 풍부해집니다. 한국에서 근대적 제도의 이식과 정착은 불행하게도 일제의 식민지 지배라는 형태로 이루어졌으며, 비서구국인 일본을 매개로 하였다는 점에 특징이 있습니다. 개항 이후 한국의 근·현대사는 일제 시기도 포함하여 이러한 서구 근대문명의 이식과 수용이라는 큰 틀에서 이해할 필요가 있습니다."[082]

이는 분명 맞는 말이지만, 식민지를 통한 근대문명의 이식과 수용

---

082 김낙년, '식민지 근대화: 서구 근대문명의 확산이라는 큰 틀에서 보아야', 이영훈 외, 『반일 종족주의와의 투쟁』, 339쪽

은 제도적·물질적 차원을 넘어서지 못하는 것 또한 분명하다.

근대화에의 저항

한국의 근대가 외부로부터 주어진 것이라는 점에서, 그에 대한 수용 못지않게 저항과 거부와 반발 또한 광범위하고도 지속적으로 존재한다. 멀리는 구한말의 위정척사운동으로부터 오늘날의 반일 종족주의[083]까지 이어지고 있다. 사실 근대든 무엇이든 간에 낯선 것, 외래의 것에 대한 거부는 인간의 원초적인 감정이어서 이해하지 못할 바는 전혀 아니다. 낯선 타자와 조우했을 때 무조건 우호적인 것보다는 일단 경계하고 보는 것이 안전하기 때문이다. 이처럼 타자혐오(제노포비아)는 인간 본성에 깊이 뿌리 내리고 있다.

따라서 모든 공동체는 다른 공동체에 대해 적대적인 경향이 있다. 폐쇄적인 공동체는 다른 공동체에 대해 더욱 적대적이다. 19세기 조선 사회가 그랬다. 하지만 역사적으로 볼 때 모든 공동체는 다른 공동체와의 만남과 열림과 교류를 통해서 자신을 변화시키고 발전시켜온 것도 사실이다. 이처럼 타자와의 만남에는 열림과 닫힘의 가능성이 모두 존재한다. 극단적으로 폐쇄적이었던 19세기 조선 사회는 외부에 의해 강제적으로 열림을 당했다(?)고 할 수 있다, 그런 만큼 내면적·심

---

083 "20세기에 성립한 한국의 민족주의는 종족주의 특질을 강하게 띱니다. 한국의 민족은 자유로운 개인의 공동체와 거리가 멉니다. 한국의 민족주의는 종족주의의 신학이 만들어 낸 전체주의 권위이자 폭력입니다. 종족주의 세계는 외부에 대해 폐쇄적이며 이웃에 대해 적대적입니다." 이영훈 외, 『반일 종족주의』, 미래사, 2019, 251쪽

리적 저항과 거부감은 더욱 강했을 것이다. 강제적인 열림과 그에 대한 반작용으로서의 강한 내적 닫힘. 이 두 가지 상반되는 작용을 이해하지 않고서는 한국의 근대를 이해하기 어려울 것이다.

물론 모든 문명이 그렇듯이 근대화에도 양면이 있다. 세계사적으로 볼 때, 그것은 누군가에게는 파괴와 절멸과 종속을 불러왔고 또 누군가에는 교류와 발전과 해방의 결과를 가져오기도 했다. 이는 모든 문명이 가진 두 얼굴이다.[084] 근대 역시 예외가 아니었다. 결국 중요한 것은 문명이 가진 이 두 얼굴 중에서 어떻게 하면 야만의 얼굴을 최소화하고 문명의 얼굴을 최대화할 것인가이다. 마찬가지로 한국의 근대에 대해서도 상반된 반응이 있다.[085]

구한말 근대화에 대한 입장은 크게 셋으로 나뉘는데, 위정척사파와 온건 개화파와 급진 개화파가 그것이다. "조선 왕조의 개화 정책에 대해 위정척사를 신봉하는 농촌의 양반 계층은 격렬하게 반대하였다. 특히 정부가 『조선책략』을 배포하자 오랑캐로 인식되던 서양과 외교 관계를 맺으라는 내용은 큰 반발을 야기했다. 이와 함께 개화 정책을 좌절시킨 것은 임오군란 이후 청의 간섭이었다. 청의 개입으로 청에 의지하여 집권하고 있던 민왕후 중심의 정치 세력과 청으로부터 독립

---

084 "야만의 기록이 없는 문화란 있을 수 없다. 그렇지 않은 경우는 한 번도 없다." 반성완 편역, 『발터 벤야민의 문예이론』 중에서 '역사철학테제', 민음사, 1983, 347쪽

085 한국의 좌파는 대체로 근대화에 대해 부정적인데, 이병천의 발언이 그런 태도를 잘 보여준다. "지난날의 한국 근대사는 세계사적 수준에서의 근대성의 원리와 복합적 구조로 볼 때, 그 적극적·문명적 차원은 극소화되고 그 부정적·반문명적 차원만이 일방적으로 극대화·전면화 되어 온 역사였다고 해도 과언이 아니다." 이병천, '세계사적 근대와 한국의 근대', 김성기 편, 『모더니티란 무엇인가』, 민음사, 1994. 322쪽

을 지향하는 정파 간의 갈등이 불가피해졌다. 청의 개입을 계기로 개화파는 동도서기(東道西器)의 입장에서 청의 힘을 이용하여 점진적인 개화 정책을 시행하려고 하는 김홍집, 김윤식, 어윤중 등의 온건 개화파와 청과의 사대 관계를 완전히 폐지하려고 하는 김옥균, 박영효, 홍영식, 서광범 등의 급진 개화파로 분화하였다. 민왕후 중심의 집권 세력은 동도서기의 입장에서 온건 개화파를 지지하였다. 온건 개화파는 청의 양무운동을, 급진 개화파는 일본의 메이지유신을 개혁의 모범으로 삼았다."[086]

역사적 결과만을 놓고 보면 한국의 근대는 동도서기를 주장한 온건 개화파의 노선이 완벽하게 승리했다고 볼 수 있다. 제도와 물질의 근대화(외재적 근대화=西器)는 놀라울 정도로 성취된 반면에 의식과 정신의 근대화(내재적 근대화=西道)는 전혀 내지는 거의 이루어지지 않았기 때문이다. 이를 한마디로 한다면 '물질적 열림'과 '문화적 닫힘'이라고 할 수 있지 않을까. 아무튼 개항으로부터 150년, 21세기인 지금까지도 근대화에 대한 심리적·정신적·문화적 거부감은 여전히 강력하게 온존한다. 이 역시 배타적인 인간의 본성과 극단적으로 폐쇄적이었던 한국의 역사와 문화의 보수성을 감안하면 그리 놀라운 일이 아닐 수도 있다. 하지만 진짜 놀라운 것은 근대화에의 거부가 한국 사회에서 진보적인 태도로 받아들여진다는 사실이다.(진보좌파!) 이는 한국의 배타

---

086   교과서포럼, 『대안 교과서 한국 근·현대사』, 기파랑, 2008. 39쪽

성이 그만큼 강력하다는 것을 반증한다.

이는 한국 좌파의 성격을 이해하는데 핵심적이다. 한국 좌파 운동의 근본 성격을 근대문명을 외래의 것으로 보고 배척하는 것이기 때문이다. '민족은 선/외세는 악'이라는 마니교적인 이분법이 한국 좌파의 기본 멘탈리티임을 부정할 수 없다. 한국 좌파는 기본적으로 근대화를 외세의 침략과 동일시한다. 그래서 좌파가 보기에 한국 근대사는 외세의 침략과 민족의 저항이라는 이항대립으로 이루어져 있다. 이것이 내가 한국 좌파를 반근대화 수구 세력으로 보는 이유이다. 이러한 좌파사관의 결정판이 바로 『해전사』임은 이미 이야기하였다. 하지만 과연 이러한 시각으로 한국 근대사를 제대로 조명할 수 있을까. 1장에서 주장한 것처럼, 이는 불가능하다.

한국의 민주화 운동 역시 이런 관점에서 해명이 가능하다. 한국의 근대는 자의이든 타의든 간에 온건 개화파의 노선에 맞게 진행되어 왔다고 보는데, 이것은 결국 식민지 근대화로 연결된다고 하겠다. 식민지 근대화의 성격은 역시 물질적 근대성과 정신적 전근대성의 이종결합이라고 할 수 있다. 식민지 근대화의 기반 때문이든 자주적 근대화(박정희의 조국 근대화)의 노력의 결과이든 간에 물질적 차원에서의 근대화를 놀라울 정도로 이루어졌지만, 정신적 차원에서의 근대화는 전혀 내지는 거의 이루어지지 않았다고 보아야 하기 때문이다.

바로 이러한 역사적 사실에 대한 평가와 반응이 바로 한국 민주화 운동을 초래한 원인이며, 그것의 핵심적 내용이 바로 '근대화에의 저항'이었다는 것이 지금까지의 논지이다. 아무튼 근대화에의 저항, 즉 정신적 수구의 태도가 진보적이라고 받아들여지는 어처구니없는 현실이 가능했던 것은 바로 저 물질적 근대화의 한계 때문이었다고 말할 수 있다. 즉 식민지 근대화를 통한 한국의 물질적 근대화는 그 일면성과 불균형성도 그렇거니와 그 과정 자체가 폭력적이었다. 특히 박정희 정권의 조국 근대화는 한편으로는 놀라운 경제 발전을 이루었지만 다른 한편으로는 '한국적 민주주의' 같은 수식에서 보듯이 정신적 근대성이라고 할 수 있는 부분을 억압하면서 진행되었기 때문이다. 이러한 한국식의 물질적 근대화에 대한 반발이 이른바 한국 민주화 운동의 동력이었다고 할 수 있다. 한국의 물질적 근대화는 물질적 성과 대신에 정신적 측면을 희생한 것이었고, 그런 점에서 비판받을 지점이 분명히 있었다.

역시 그런 점에서 한국의 물질적 근대성의 모순과 한계를 비판하고 극복하려고 한 민주화 운동의 의의와 정당성 자체를 부정할 수는 없다. 하지만 역시 한국 민주화 운동의 놀라운 역설은 그것의 정신적 뿌리가 서구 근대의 자유주의에 있는 것이 아니라 바로 저 구한말의 위정척사파로부터 내려온 것이라는 사실이다.[087] 문제는 외재적 근대화에 대한 저항이 곧 근대화 자체에 대한 저항으로 흘러간 것이라고 할

---

087 근래 한국의 민주화 운동 세력을 조선 시대의 사대부에 비유하는 작업이 이어지는 것도 결코 우연이라고만은 할 수 없다. 유성운, 『사림, 조선의 586』, 이다미디어, 2021; 김은희, 『신양반사회』, 생각의 힘, 2022; 이제상, 『슈트 입은 조선인』, 타임라인, 2022.

수 있다. 이것은 근본적으로 한국의 민주화 운동을 어떻게 평가할 것인가의 문제와 직결되어 있다. 특히 1980년대 이후 한국의 민주화 운동의 일환으로서의 민중운동은 민족주의에 뿌리를 둔 것으로서 전통적인 농촌 공동체를 이상적인 사회로 상정하고 근대의 물질성과 날카로운 대립적 관점을 보여주었다. 이러한 상황은 한국의 근대가 물질적 근대성에 걸맞은 정신적 근대성을 형성해오지 못한 결과이며, 결국은 전근대적인 정신성이라는 구심력으로 회귀해버리는 결과를 낳고 말았음을 보여준다. 거듭 이러한 퇴행이 한국 사회에서 '진보'라고 불리는 것은 참으로 잔인한 역설이라고 말하지 않을 수 없다.

내재적 근대화: 의식과 정신의 근대화

근대는 서구인이 중세 이후 만들어온 삶의 방식과 세계를 가리킨다. 그런데 비서구 세계에 속하는 한국에게 근대가 문제가 되는 것은 서구적 근대가 '세계화'[088] 되었기 때문이다. 대략 16세기 무렵 서유럽에서 발생한 근대는 점차 비서구 세계로 퍼져나갔다. 이것이 아시아에서는 서세동점이라고 불리는 과정이다. 한국은 19세기 말부터 이러한 흐름에 휩쓸리게 되었고 이것이 지난 150년간 한국인의 삶과 현실을 구조지운 가장 결정적인 사건이자 조건이다. 대한민국 75년의 의미를 국가의 기원이나 종족의 운동이 아닌 문명의 구조 속에서 들여

088　세계화(globalization)는 1970년대 이후 신자유주의와 관련하여 많이 사용되었지만, 그것은 신자유주의의 세계화라고 불러야 하고, 본래적인 의미에서의 세계화는 서구 근대문명이 지난 500년에 걸쳐 비서구 세계로 퍼져나간 것을 말한다.

다보아야 하는 것도 그 때문이다. 그러기 위해서는 한국의 근대화 과정을 성찰적으로 되돌아보고 앞으로의 방향을 조망해야 한다.

"우리는 지금 '근대성'의 연장선상에서 살고 있다. 우리의 시대는 '근대'이며 우리의 삶은 '근대사회'적 맥락 속에서 이루어지고 있다. 지금 그 근대성의 구조에 어떤 변화의 조짐이 보이고 있다 하더라도 여전히 우리의 현대는 근대성과 긴밀히 연결되어 있다. 그 근대성의 성격에 관해 여러 다른 견해들이 제시되어 있기는 하지만, 한국에서 근대성의 형성 시기가 19세기 말~20세기 초에 걸친 기간이었다는 점에 대해서는 대체적인 공감대가 형성되어 있다. 그런데 우리의 삶을 이와 같이 전체적으로 규정하고 있는 근대성을 도대체 무엇인가? 이 무소부재한 영향력을 행사하고 있는 근대성을 우리는 과연 어떠한 의미로서 받아들여야 하는가?"[089]

지금 대한민국과 한국의 근대를 묻는 것은 결국 이러한 물음과 뗄 수 없기 때문이다. 그리고 이러한 물음의 연장선상에서, 그동안 한국의 근대화가 '외재적 근대화'에 머물렀다면, 그러한 한국의 근대화에 결여된 것으로서의 내재적 근대화에 대해서 묻지 않을 수 없는 것이다. 이는 완전한(?) 근대화를 위해서 필수적인 것이다. 물론 우리는 그동안의 역사를 돌아보건대, 이러한 과제가 결코 자동적이지도 쉽게

---

089 장성만, '개항기의 한국 사회와 근대성의 형성', 김성기 편, 『모더니티란 무엇인가』, 민음사, 1994. 291~292쪽

낙관할 수도 없는 것이라는 사실을 잘 알고 있다. 하지만 한국이 근대라는 문명적 구조로부터 벗어날 수 없는 한, 내재적 근대화의 과제를 외면할 수 있을 것인가 하는 물음 역시 피해갈 수 없다.

이제까지 서술했듯이 한국 근대화는 하나의 매우 뚜렷한 양상을 보이는데, 그것은 외재적 근대화와 내재적 근대화의 분리와 불균등성이다. 이렇게 된 데에는 어쩌면 한국의 근대화가 서구의 근대화와 정반대 순서로 전개되었기 때문인지도 모른다. 서구의 경우 르네상스와 종교개혁을 거치면서 개인 주체가 형성되었고 이에 기반 한 과학기술의 발전과 계몽주의 철학의 등장으로 일련의 근대 혁명(정치, 경제)이 이루어졌다. 하지만 그에 비하면 한국의 근대화는 외부의 충격에 의해 물질적 근대화가 먼저 이루어진 반면, 그에 걸맞은 내부의 자발적인 '정신적 근대화'는 전혀 또는 거의 이루어지지 않았다. 설사 외재적 근대화가 이루어지더라도 내재적 근대화가 자동적으로 뒤따르지 않는다는 사실을 한국의 근대만큼 뚜렷하게 증명하는 사례는 없을 것이다.

그러면 왜 내재적 근대화를 해야 하는가. 그것은 앞서도 말했듯이 근대의 균형 있는 발전과 심층화를 위해서 요구되는 것이다. 물론 서구의 근대를 하나의 이념형으로 설정하고 한국의 근대가 반드시 거기에 도달해야 하는가, 아니 도달 가능한 것인가 하는 근본적인 물음을 던질 수 있다. 모든 문명의 전달에는 차이가 발생하겠지만, 서구의 근대가 근대의 원형이고 모델인 것을 부정할 수는 없다. 한국의 근대가 현실적으로 서구의 근대를 그대로 복제한다거나 거기에 완전하게 도달할 것이라고 볼 수는 없다. 거기에는 필연적으로 반복에 의한 차이가 발생할 것이기 때문이다. 그럼에도 불구하고 한국의 근대 운동은 그러한 패러다임을 부정할 수 없다. 어쩌면 반복에 의한 차이에도 불구하고 원형에 대한 학습과 이해와 수용이 그 자체로 한국적 근대의 특수성을 생산하는 과정일 수 있을 것이다. 이것이 바로 우리가 '다음 근대화'를 이야기해야 하는 이유이다. 대한민국 75년, 근대화 150년에 물어야 할 것은 이것이다.

자유민주주의의 위기와 문화

−보수우파에서 진보우파로

문화의 의미

인간은 영양을 섭취함으로써 자신을 재생산하고 짝짓기를 함으로써 종족을 재생산한다. 그러니까 인간 개체를 재생산하는 것은 신진대사이고 인간 종을 재생산하는 것은 생식(生殖)이다. 그러면 인간 사회를 재생산하는 것은 무엇인가. 그것은 바로 문화이다. 문화는 삶에 의미를 부여함으로써 사회를 특정 방향으로 이끄는 의미작용 체계(signification system)이다. 이러한 의미작용 체계에 의해 사회는 재생산된다. 밥은 개체를 재생산하고 성(性)은 종을 재생산하고 문화는 사회를 재생산하는 것이다. 문화가 사회를 재생산하는 것은 말했듯이, 삶에 일정한 의미를 부여함으로써 사회를 일정한 방향으로 나아가게 만들기 때문이다. 그래서 문화는 어제의 사회와 오늘의 사회와 내일의 사회에 연속성을 부여한다.

한편 문화는 정치, 경제, 사회와 구분된다. 정치, 경제, 사회, 문화는 인간 삶을 이루는 각기 다른 영역들이다. 정치가 권력, 경제가 재화, 사회가 관계의 영역이라면 문화는 의미의 영역이다. 정치가 권력의 배분과 행사의 문제라면, 경제는 재화의 생산과 분배의 문제이며, 사회는 사회를 구성하는 다수의 인간들이 맺는 관계(사회적 관계)의 문제이다. 문화는 이러한 정치, 경제, 사회의 차원들에 전체적이고 통합적이며 궁극적인 의미의 지향성을 부여함으로써 사회 구성원들로 하여금 어떤 삶의 형식과 내용이 바람직한가를 선택, 결정하게 한다.

좁은 의미의 문화는 정치, 경제, 사회와 나란히 인간 삶을 이루는 한 영역이지만 넓은 의미의 문화는 정치, 경제, 사회를 모두 아우르는 상위의 개념이 되기도 하다. 그리하여 문화는 정치, 경제, 사회의 각 부문에 배분, 결합되기도 하는데, 그리하여 정치문화, 경제문화, 사회문화라는 개념도 성립된다. 아무튼 문화가 중요한 것은 의미를 통해서 정치, 경제, 사회를 포괄하는 넓은 의미의 사회를 재생산한다는 사실에 있다. 문화와 마찬가지로 사회라는 개념도 넓은 의미와 좁은 의미가 있는데, 넓은 의미의 사회는 정치, 경제, 문화를 포괄하며, 좁은 의미의 사회는 정치, 경제, 문화와 나란히 배열되는 삶의 한 영역이다. 정치, 경제가 비교적 단일한 개념인데 반해 사회, 문화가 이처럼 광폭의 의미를 갖는 것은 전자가 하드웨어인데 반해, 후자는 소프트웨어이기 때문이다. 다시 말해서 넓은 의미의 사회는 정치와 경제라는 하드웨어와 좁은 의미의 사회와 문화라는 소프트웨어로 구성된다. 문화는 그러한 사회의 일부이면서 동시에 사회 자체를 재생산하는 장치이다.

근대사회와 문화

통상 근대사회는 정치적으로 민주주의, 경제적으로 자본주의, 사회적으로 개인주의, 문화적으로 자아실현이라는 질서로 이루어져 있다고 말한다. 민주주의는 한 사회의 권력이 소수가 아니라 다수 인민에게 있으며 그것이 절차적으로 공정하게 행사되도록 하는 정치 체제이다. 자본주의는 모든 개인이 자신의 욕구에 따라서 부를 추구하고 그 결과 획득한 재산(사적 소유)을 인정하는 경제 체제이다. 이 둘이 결합된 것이 자유민주주의(liberal democracy) 체제이다, 그러니까 자유민주주의는 경제적 자유주의(자본주의)와 정치적 민주주의의 결합체라고 할 수 있다. 자유민주주의의 핵심적 가치인 '자유'에는 경제적 자유(사적 소유)와 정치적 자유(사적 자치)가 포함된다. 여기에서 우리는 벌써 자유의 소유자가 집단이 아닌 개인(사적 소유와 자치)임을 눈치채게 된다. 개인의 자유라는 것은 있지만 집단의 자유라는 것은 없다. 집단은 자유로운 개인이 모여서 만드는 것이며 오로지 개인의 자유를 보장하기 위해서 요청되는 것일 뿐이다(사회계약설). 자유민주주의는 그러한 사적 소유와 자치의 주체로서의 개인을 모델로 삼고, 이를 민주주의적인 방식으로 실현하고자 하는 사상이자 체제이다.

이처럼 자유민주주의는 일단 정치적·경제적 개념이다. 그러면 이러한 자유민주주의의 정치적·경제적 개념에 대응 또는 합치되는 사회적·문화적 개념은 무엇인가. 앞서 논의했듯이 사회(광의)가 정치, 경제, 사회(협의), 문화로 이루어져 있다고 할 때, 어떤 정치경제적 구조에는 대체로 그에 대응 또는 합치되는 사회문화적 구조가 있게 마련이다. 사회문화, 그중에서도 특히 문화는 특정한 정치경제 체제를 재생산하는 장치이니까 말이다. 정치경제적 자유민주주의에 봉건적인 사회 질서와 권위주의적 문화가 대응되지는 않지 않겠는가. 마찬가지로 정치경제적 봉건주의 체제에 자유민주주의적 사회문화 구조가 생겨날 리도 없지 않겠는가.

자유민주주의라는 정치경제적 구조에 대응 또는 합치되는 사회문화적 구조는 개인주의(individualism)와 자아실현(self-realization)이다. 자유민주주의는 사회적으로는 개인주의와 문화적으로는 개인의 삶에 최고의 의미를 부여하는 가치관과 짝을 이룬다. 따라서 개인주의는 사회의 기본 단위가 (가족이나 종족 같은 집단이 아닌) 개인이며 자유로운 개인이 계약을 통해 사회를 구성하는 것으로 본다. 그래서 개인주의 사회에서는 개인의 자유와 존엄이 가장 중요하다. 그리고 이런 개인주의 사회의 문화는 당연히 개인의 가치 실현을 가장 중요한 것으로 봄으로써 개인주의 사회를 재생산한다. 다시 말해서 개인주의 사회에서 문화, 즉 개인의 삶에서 가장 의미 있는 것은 바로 자유롭고 존엄한 개인의 재생산, 즉 개인의 자아실현이 되는 것이다.

개인주의 사회의 문화는 어떤 개인 바깥에 있는 외적 가치의 실현 (가문의 영광이나 국위선양, 민족중흥 같은 것)이 아니라 바로 '개인 자신의 실현'을 목표로 하며 그런 의미에서 자기참조적(self-referential)이고 재귀적 (recursive)이며 자기동일적(self-identify)이다.[090] 이러한 삶의 태도를 진정성 (authenticity)이 있다고 말한다.[091] 그러니까 근대사회는 정치적으로 민주 주의이며 경제적으로 자본주의이며 사회적으로 개인주의이며 문화 적으로 자아실현적이다. 그리하여 자유민주주의란, 그 확장적 의미로 볼 때 민주주의 정치, 자본주의 경제, 개인주의 사회, 자아실현 문화 를 묶음으로 하나의 '삶의 방식(way of life)'이다. 그런 점에서 자유민주 주의는 정치경제적 차원만이 아니라, 그에 대응 또는 합치하는 사회 문화적 차원을 포함할 때, 비로소 완성된다. 이것이 자유민주주의의 모델이 되는 근대사회의 이념형이다. 그러면 한국 사회는 어떤가?

한국 사회와 문화

한국은 자유민주주의 국가이다. 정치적으로는 민주주의, 경제적으 로는 자본주의 체제를 택하고 있다. 그러면 정치경제적으로 자유민주 주의인 한국은 사회문화적으로 어떤 내용을 가지고 있는가. 그러니까 한국의 정치와 경제가 자유민주주의인 만큼 거기에 부합하는 사회와 문화를 가지고 있는가 하는 물음이다. 앞 절에서 정의한 문화의 성격

---

090 헤겔은 진리는 동어반복(A is A, A is not B)이라고 말했는데, 개인주의는 인간의 동어반복적 진리이다. 즉 나는 나다.(I am I.) 집단주의 사회에서 나는 나가 아니다. 나는 가족이거나 종족 같은 집단의 일부이다. 다만 헤겔의 동어반복적 진리인 '나'는 고정되어 있는 것이 아니고 의식의 변증법적 상승에 의해 고양된다.(정신현상학) 그럼에도 불구하고 고양되기 이전의 나와 고양된 나는 언제나 동일한 나이다.

091 '진정성'의 반대는 '신실성(sincerity)'이다. 이는 자기 바깥의 권력이나 집단의 가치에 충성을 하는 전근대적인 삶의 태도이다.

에 주목해서 다시 묻자면 이렇다. 한국 사회는 정치경제적 자유민주주의 체제를 구체적인 삶의 차원에서 재생산할 의미작용 장치로서의 문화를 가지고 있는가. 이에 대한 답변은 부정적이다.

한국은 사회적으로는 개인주의 대신에 집단주의, 문화적으로는 자아실현 대신에 권위주의(외적 권위에의 복종)가 지배하고 있다. 사회적 집단주의와 문화적 권위주의는 한국의 오랜 전통이다. 사실 집단주의와 권위주의는 모든 전근대사회의 공통된 특징이다. 서구도 근대 이전에는 그런 문화를 가지고 있었다. 하지만 근대가 되면서 집단주의는 개인주의로, 권위주의는 개인의 내적 자아실현으로 바뀌었다. 한국 사회가 집단주의와 권위주의에 사로잡혀 있다면 이는 한국 사회가 여전히 전근대사회임을 의미한다. 전근대사회는 집단주의 사회이며 집단주의 사회는 수직적인 권위주의 문화를 가질 수밖에 없다.

"한국 사회의 인간관계는 기본적으로 수직적이다. 한국인들은 어떤 상황에서든 윗사람과 아랫사람의 구분이 분명하지 않으면 사회적 관계가 잘 형성되지 않는다. 언제나 위와 아래를 구분하면서 아랫사람은 윗사람에게 복종해야 한다는 분위기가 지배적이다. 가족 내에서 부자관계를 통해 익힌 권위주의적 관계가 학교 교실의 스승-제자 관계를 통해 강화되고 군대와 직장 생활을 통해 윗사람과 상관의 권위에 대한 복종이 당연한 것으로 내면화된다. 한국의 정부와 기업을 비롯하여 모든 조직은 유교의 권위주의적 관습과 잔재를 이용하여 쉽게

인적 자원을 서열화하고 명령에 따라 움직이는 조직을 만들어왔다. 민주화 이후 신세대들에 의해 장유유서의 도덕적 질서가 흔들리고 있으며, 수직형 조직사회에서 수평형 조직사회로 이동 중이라는 무성한 진단에도 불구하고 한국 사회는 아직도 상하수직적 인간관계가 지배하는 권위주의 사회이다."[092]

한국인이라면 누구나 아는 이야기이다. 그러니까 오늘날 한국은 정치·경제적으로는 근대적이지만 사회문화적으로는 전근대적이다. 한국 사회의 하드웨어(정치경제)는 근대적이지만 소프트웨어(사회문화)는 전근대적이라는 것이다. 그러면 이처럼 불균등한 이종결합의 구조를 가진 한국 사회가 지닌 모순, 즉 정치·경제적 근대성과 사회문화적 전근대성의 충돌이 빚어내는 문제는 무엇인가. 사실 오늘날 한국 사회에서 일어나는 모든 문제의 밑바탕에는 바로 이러한 근대성과 전근대성의 이종결합이 작용하고 있다고 보아야 한다. 따라서 이러한 구조적 모순을 직시하지 않고서는 현재 한국 사회에서 일어나는 각종 균열이나 대립을 제대로 진단하고 대처하기가 어렵다.

한국의 좌우대립

모든 사회에는 균열과 대립이 있다. 계급, 인종, 종교, 젠더, 세대, 지역 등의 경계를 타고 균열과 대립이 드러난다. 이러한 균열과 대립

---

092   정수복, 『한국인의 문화적 문법』, 생각의 나무, 2007, 142쪽

은 종종 심각한 적대로 발전하여 사회 자체를 파괴하기도 한다. 한국 사회는 어떤가. 한국 사회에도 인종과 종교를 제외한 모든 형태의 균열과 대립이 존재한다. 다만 국내의 인종 문제는 없는 대신에 일본 등 이민족과의 종족 대립이 매우 심각한 상태이다.[093] 그런데 사실 이러한 한국 사회의 균열과 대립은 그 자체의 표면을 넘어서, 더 깊은 곳에 하나의 공통되면서도 근본적인 대립을 내장하고 있는데, 그것은 바로 전근대와 근대의 대립이다. 한국 사회의 모든 대립은 전근대와 근대의 대립 위에 얹혀 있다고 해도 과언이 아니다. 그래서 한국 사회의 모든 대립은 중층적이다.

한 사회에 존재하는 대립의 형성은 그 사회의 역사적 경험과 뗄 수 없다. 중동 지역의 역사를 이해하지 않고 종교 대립을 이해할 수 없으며, 미국의 역사를 알지 못하고 인종 대립을 설명할 수 없는 것과 마찬가지이다. 그러면 적어도 지난 200년간 한국 사회가 경험한 가장 중요한 역사적 경험은 무엇인가. 그것은 근대화다. 19세기 말의 개항 이후 일련의 근대화 과정은 지난 200년간 한국 사회가 경험한 가장 중요한 역사적 사건이며, 이는 지금도 한국 사회의 전 영역에 걸쳐 깊은 자국과 파열을 내고 있는 근본적 요인이라고 할 수 있다. 한국의 좌우대립도 이로써 설명할 수 있다.

---

093 한국 사회는 단일인종·단일문화 사회이기 때문에 다인종·다문화 사회에서 볼 수 있는 것과 같은 갈등이 없다. 대신에 타자혐오(제노포비아)가 매우 강하다. 대부분의 한국인은 반일 감정이 인종주의(racism)의 일종이라는 사실을 자각하지 못할 정도로 배타적이다. 반일 혐오에 몰두하는 한국의 좌파는 사실상 인종주의 극우라고 보아야 한다.

원래 근대 정치에서 좌파와 우파의 구분은 프랑스혁명기에 생겨난 것이다. 이후 현대에 오면서 좌파는 주로 사회주의, 우파는 자유주의 진영을 가리키는 것으로 사용된다. 하지만 한국의 좌파와 우파는 서구의 그것과 전혀 다르다. 아니, 표면적으로는 한국의 좌파와 우파도 각기 사회주의와 자유주의의 대립이라는 형태로 드러나지만, 사실 그 본질과 속내는 전혀 다르다고 본다. 한국에는 한국만의 맥락이 있기 때문이다. 물론 좌파와 우파의 개념이 서구에서 유래하기 때문에 그 기원을 완전히 무시할 수는 없지만, 그보다 더 중요한 것은 한국적 맥락이다. 아무튼 한국에는 한국만의 좌파와 우파의 기준이 있고 의미가 있고 맥락이 있다. 이것을 아는 것이 중요하다. 따라서 서구의 좌우 개념으로 한국의 좌우를 설명하는 것은 의미가 없다. 그것은 언제나 빗나가기 마련이다.

나는 한국의 좌우 개념이 전술한 근대화라는 역사적 경험에 기반해 성립됐다고 본다. 왜냐하면 한국의 좌우를 나누는 기준이 바로 근대화에 대한 반응에 있기 때문이다. 근대화를 부정하면 좌파, 근대화를 긍정하면 우파라고 본다. 이는 마치 개화기의 수구파와 개화파의 대립과도 같다. 맞다. 나는 한국의 좌파는 수구파, 우파는 개화파의 후예라고 본다. 근대화의 물결이 몰려온 이후 한국인의 삶을 가르는 가장 근본적인 경계는 결국 근대화에 대한 반응일 수밖에 없는 것이다. 상투를 자를 것인가 말 것인가. 물론 단발령으로 인해 상투를 잘랐지만 정신적인 상투까지 모두 잘랐다고는 말할 수 없다.

외부로부터 불어 닥친 근대화는 거부할 수 없는 것으로 19세기 말 이후 한국 사회의 운명을 결정했지만, 그 내부와 세부까지 모두 그런 것은 아니다. 표면적인 근대화에도 불구하고 그 내부와 세부에는 근대화에 대한 저항이 엄연히 존재한다고 보는 것이 진실에 가깝다. 그래서 나는 이것이 오늘날 한국 사회의 모든 균열과 대립을 발생시키는 근본 지점, 한국적 삶의 원초적 분열이라고 본다. 그래서 한국 사회의 좌우대립의 본질이 전근대와 근대의 대립이라는 것이다. 달리 말하면 한국 사회의 주요 모순은 계급 모순도 민족 모순도 아닌 문명 모순이다.[094] 이처럼 엄연한 현실을 외면한 채 서구적 개념으로 한국의 좌우를 이해하려는 시도는 언제나 실패할 수밖에 없다.

한국인은 모두 좌파다

흔히 한국의 이념 지형을 가리켜 기울어진 운동장이라고 한다. 좌파가 헤게모니를 쥔 반면에 우파는 그렇지 못하다는 것이다. 우파는 이념이 없는 대신에 좌파는 뚜렷한 이념이 있으며, 뭐가 됐든지 간에 그것이 먹혀든다는 것이다. 그러면 왜 우파는 이념이 없고 좌파는 이념이 있는가. 나는 그 이유가 좌파는 쉽고 우파는 어렵기 때문이라고 본다. 그러면 왜, 좌파는 쉽고 우파는 어려운가. 다시 그 이유는 좌파

---

094 한국 좌파의 양대 갈래인 PD와 NL은 각기 민중민주파(peoples' democracy)와 민족해방파(national liberation)의 약칭이다. 전자는 계급 모순을, 후자는 민족 모순을 한국 사회의 주요 모순으로 본다. 하지만 나는 한국 사회의 주요 모순을 전근대와 근대의 문명 모순으로 본다는 점에서 좌파와 근본적으로 관점을 달리한다.

는 전근대적이고 우파는 근대적이기 때문이라고 본다.

한국 좌파의 이념은 무엇인가. 두 말할 것도 없이 '민족'과 '민중'이다. 세계적 기준으로 볼 때 좌파는 사회주의이다. 한국 좌파도 사회주의적이다. 하지만 한국 좌파의 사회주의는 사실상 민족주의의 다른 말이다. 원래 계급 중심의 사회주의는 종족 중심의 민족주의와는 관련이 없다. 하지만 서구 좌파를 제외한 제3세계의 좌파는 전부 사회주의적이면서 동시에 민족주의적이다. 왜일까. 그 이유는 제3세계 사회주의의 토대가 바로 민족주의이기 때문이다. 그리고 그 이유의 이유는 바로 제3세계의 근대사가 바로 전근대와 근대의 대립으로 이루어져 있기 때문이다. 앞에서 말한 한국 사회의 모든 대립의 기저에 전근대와 근대의 대립이 가로 놓여 있다는 것과 같은 말이다. 이것을 좌파는 '민족 대 외세의 대립'이라는 프레임으로 읽어낸다. 그렇기 때문에 한국을 비롯한 제3세계의 좌우대립은 계급대립이 아니라 민족대립의 형태를 띠게 되는 것이다.

계급 기반의 사회주의는 원래 탈민족적이지만('전세계의 프롤레타리아여, 단결하라!'), 실제 제3세계의 사회주의는 위처럼 민족을 기반으로 한다. 그리하여 사회주의는 원래 근대 자본주의와 경쟁하는 또 하나의 근대 사상이자 동시에 근대를 극복하기 위한 탈근대 혁명 사상이지만, 실제 현실에서 사회주의는 근대적이기는커녕 전근대적인 봉건주의로 퇴행하고 만다. 그것은 혁명적 사회주의가 그리는 '계급 없는 사회'로서의 공동체는 현실에 존재하지 않는 관념인 반면에, 역사에서 경험하고 확인할 수 있는 유일한 공동체는 전근대적인 농촌 공동체밖에 없기 때문이다. 그리하여 근대 자본주의를 뛰어넘고자 하는 사회주의는 실제로는 근대 이전의 농촌 공동체로 퇴행하고 마는 것이다. 그 결과 사회주의의 현실은 계급 없는 사회가 아니라 '신분 있는 사회'[095]로의 회귀라는 놀라운 역설이 벌어진다.

이것은 한국을 비롯한 제3세계 사회주의에 공통적인 현상이다. 좌파가 쉬운 이유도 바로 여기에 있다. 익숙하기 때문이다. 친근하기 때문이다. 전통적인 것이기 때문이다. 우리 것이기 때문이다. 좌파는 혁명을 말하지만 실제 그것은 언제나 근대화 이전의 과거로 돌아가는 역방향의 혁명일 뿐이다. 중국의 공산혁명이 그렇고 이란의 회교혁명이 그렇다. 한국의 좌파가 이상적으로 생각하는 것은 조선 시대이다. 이와 관련해서는 너무나 많은 증거들이 있어서 일일이 열거하기가 곤란할 정도이다.[096]

그러면 우파는 왜 어려운가. 그 역시 당연하다. 우파의 자유민주주의 이념은 서구에서 유래한 것이며 제3세계에게 그것은 낯설고 어려운 것일 수밖에 없다. 우파의 이념은 '자유'와 '민주'이다. 자유민주주

---

095 구 소련의 노멘클라투라처럼 모든 사회주의 국가에는 공산당을 기반으로 하는 특권 신분이 존재한다. 이 점에서 사회주의는 전근대사회와 닮은꼴이다.

096 문재인 정권에서 말한 "내 삶을 책임지는 국가"라는 워딩은 조선 시대의 양민(養民) 사상의 반복이다. 양민사상은 왕이, 국가가 백성을 먹여 살려야 한다는 것이다. 이것은 부모가 자식을 먹여 살리고 벼슬아치가 백성을 가축처럼 기르는 것(목민관, 『목민심서』 등)과 근본적으로 다르지 않은 수직적인 사고방식이다. 이것은 지도자의 전능과 백성의 무능을 전제로 한다. 백성은 모든 것을 나라에 바치고 나라는 마치 시혜를 하듯이 백성을 양육하는 것이다. 여기에는 백성의 권리에 대한 어떠한 인정도 없다. 이것만 보더라도 한국의 좌파가 왜 봉건의 화신인지를 알 수 있다.

의가 바로 자유와 민주의 결합이다. 자유민주주의가 어려운 것은 근대적인 것이기 때문이다. 대한민국이 자유민주주의 체제를 표방하고 있다고는 하지만 솔직히 말해서 한국인에게 자유와 민주는 낯설고 어렵다. 그 이유 역시 한국 사회가 정치·경제적으로는 자유민주주의이지만 사회문화적으로는 자유민주주의가 아니기 때문이다. 대한민국이 표면상으로는 자유민주주의를 내세우고 있지만 실제로 그것을 내면화하고 있지는 못하다는 말이다. 자유민주주의의 의미화에 실패하고 있다는 말이다. 정치·경제적인 자유민주주의에 의미를 부여할 사회문화적 내용을 가지고 있지 못하는 말이다.

그 이유는 당연히 한국 사회가 사회문화적으로 집단주의적이고 권위주의적이기 때문이다. 사회문화적으로 전근대적이라는 말이다. 이것은 정치·경제적으로는 근대화가 되었지만 사회·문화적으로는 근대화가 되지 않았다는 말이다. 한국의 좌파가 문화적 헤게모니를 장악하고 있다는 말은 곧 한국 사회가 집단주의적이고 권위주의적인 사회라는 말과 같은 말이다. 그러니까 집단주의적이고 권위주의적인 문화를 가지고 있는 것은 좌파만이 아니다. 우파도 마찬가지이다. 한국은 좌와 우를 가릴 것 없이 모두 집단주의적이고 권위주의적이다. 그렇기 때문에 한국의 문화는 좌파적일 수밖에 없다. 그렇기 때문에 사회문화적 차원에서 좌와 우를 구별하는 것은 의미가 없는 것이다. 한국인은 정신적으로 모두 좌파이다. 이런 현실에서 좌파가 헤게모니를 장악하는 것은 너무나 당연하다. 아니 그것은 말할 필요도 없는 동어

반복일 뿐이다. 좌파가 헤게모니를 장악하고 있다는 것은 한국인 모두가 정신적으로 좌파라는 말이다.

그러면 정치·경제적 자유민주주의에 대응되는 사회문화적 내용은 무엇인가. 좌파의 집단주의적이고 권위주의적인 내용과 다른 우파 고유의 사회적 관계와 문화적 의미는 무엇인가. 정치·경제적 자유민주주의에 대응되는 가치를 사회문화적 자유민주주의라고 부를 수 있다면, 그것은 무엇인가. 그것은 앞서 말한 사회적 개인주의와 문화적 자아실현이다. 과연 이러한 가치가 한국 우파에게 있는가. 없다. 다시 말하면 한국에는 정치·경제적 우파는 있어도 사회문화적 우파는 없다. 정치·경제적으로 우파라고 말하는 사람들도 사회·문화적으로는 전부 좌파이기 때문이다. 우파도 좌파와 마찬가지로 사회적으로 집단주의적이고 문화적으로 권위주의적이기 때문이다. 그래서 한국의 문화판이 좌파로 기울어진 운동장이라는 표현도 정확히 말하면 틀렸다. 그냥 한국에는 좌파 문화만이 있다. 집단주의와 권위주의적인 삶의 방식만이 있을 뿐, 개인주의적이고 자기 내면의 가치를 추구하는 삶의 방식은 없다. 한국의 좌우 구분은 정치·경제적 차원에 한정될 뿐 사회문화적 차원에서는 의미가 없다. 따라서 한국에 존재하는 좌우대립은 정치·경제적 대립일 뿐 사회문화적 대립이 아니다.

지난 반세기 동안 우파에 의한 정치·경제적 드라이브가 이루어졌고 그것은 대단한 성취를 이루었다. 하지만 좌파의 헤게모니가 강화되면서 상황이 역전되었고 한국 우파는 당혹감과 열패감을 감추지 못하고 있다. 그러니까 우파가 다시 헤게모니를 쥐기 위해서는 정치·경제적 형태에 맞는 사회문화적 내용을 갖춰야 한다. 문제는 여기에 있다. 어떻게 할 것인가.

한국의 이념 지형 다시 그리기

이제까지의 논의를 바탕으로 한국의 이념 지형을 그려보면 다음과 같다.

1) 수구좌파

알고 보면 진보좌파라는 말처럼 지독한 농담은 없다. 한국에서 좌파는 진보라는 말과 한 짝이 되어 쓰이지만, 한국 좌파의 본질을 생각하면 언어도단이다. 한국 좌파는 혁명 세력도 아니고 미래 지향적인 집단도 아니다. 한국 좌파는 과거 회귀 세력일 뿐이다. 한국의 좌파는 근대화되기 이전의 농촌 공동체를 이상적으로 생각하는 종족주의 집단이다. 그런 점에서 한국 좌파는 진보가 아니라 수구라고 불러야 맞다. 좌파를 진보라고 부르는 것은 한국인의 역사의식이 얼마나 전도되어 있는가를 반증한다. 상고주의(尙古主義), 복고주의, 과거 회귀 사상도 하나의 사상으로 인정해줄 수 있을지는 모르나 적어도 그것은 진보와는 상관이 없다.

2) 보수우파

우파는 통상 보수우파라고 불린다. 진보좌파의 상대 개념이다. 그러면 보수우파의 의미는 무엇인가. 사실 '보수'라는 말은 다양한, 심지어 상반되는 의미를 가지고 있기도 하다. 황성준은 소문자 보수주의(conservatism)와 대문자 보수주의(Conservatism)를 구별하는데, 전자는 일반적 의미에서 부정적인 의미로 쓰이는 보수주의이고 후자는 하나의 정치 이념으로서의 보수주의이다. 한국에서는 두 가지 의미가 혼용된다. 아니, 어쩌면 전자의 의미가 지배적인지도 모른다. 통속적으로 보수 또는 보수주의는 변화를 거부하는 태도를 가리키기 때문이다. "이란에서 보수주의자라고 말한다면, 호메이니의 이슬람 신정 체제를 지지하는 사람을 의미하는 것이 될 것이다. 또 우리가 일상생활에서 '유교적 전통주의자' 혹은 '현실 변화에 둔감하고 왠지 꽉 막힌 사람'을 보수주의자로 호칭할 때, 이는 '소문자 보수주의자'의 의미로 사용된 것이다."[097]

하지만 하나의 정치 이념으로서의 보수주의는 그런 뜻이 아닐 것이고, 나름의 규정이 있을 터이다. 황성준은 미국의 언론인 마크 레빈(Mark Levin)의 저서 『자유와 폭정(Liberty and Tyranny)』을 예로 들면서 다음 네 가지를 보수주의의 조건으로 든다.

1. 추상적 집단보다 구체적 개인을 시민사회의 기본 구성요소로 본다.

---

097 황성준, 『보수주의 여행』, 미래한국미디어, 2020, 23쪽

2. 개인의 '빼앗을 수 없는 권리'와 '사회의 문화적 동질성'을 존중한다.

3. 사유재산권과 자유는 뗄 수 없는 개념이다.

4. '법치'가 중요한 원칙이다. '법에 의한 지배(a rule by law)'가 아닌 '법의 지배(a rule of law)'를 추구한다.

이것은 다분히 기독교 문명을 배경으로 하는 미국적 개념의 보수주의이지만, 사실 한국의 보수주의도 이것과 무관할 수는 없다. 어쩌면 한국의 보수주의는 이것과 무관하다기보다는 무의식적이라고 보아야 할 것이다. 정확히 말하면 한국의 보수주의는 아직까지 명확한 철학적·이념적 자기규정을 가지고 있지 못하다. 보수주의가 무엇이냐 하고 따지면 결국 미국의 보수주의와 다르지 않은 결론을 가져오겠지만, 현실은 그보다 차라리 전의식(pre-consciousness) 단계에 있다고 하는 것이 맞을 것이다. 그래서 한국의 보수주의는 전의식적·전이념적 수준으로서, 연역적이기보다는 역사적 사실로부터 귀납적으로 재구성해가는 것이 현실적이지 않을까 하는 생각이 든다. 예를 들면 이런 것이다.

"또 다른 문제 제기가 있다. 대한민국에서 보수(conserve)할 가치는 과연 무엇이냐는 것이다. 필자는 '대한민국'이라고 단언한다. 1948년 대한민국은 한반도 역사상 처음으로, 자유민주공화국으로 건국됐다. 처음 건국했을 때, 자유민주공화국으로서 불철저했던 부분도 분명히 많았다. 그러나 그러한 불철저한 부분과 역사적 취약점에도 불구, 대한민국은 다른 형태에서 자유민주공화국으로 발전한 것이 아니라, 애초부터 자유민주공화국으로 출발했다. 그리고 건국 이후의 과정은 이렇게 건국된 대한민국을 지키고, 또 불철저했던 점을 개선하는 과정이었다. 이것이 호국과 근대화, 그리고 민주화의 과정이었다. 이런 의미에서 한국 보수주의는 건국 이념과 호국 정신, 그리고 근대화 정신과 민주화 역사를 모두 포괄할 수 있으며, 또 그러해야만 한다고 믿는다. 그렇기 때문에 한국 보수주의자는 '대한민국파'이다. 한국 보수주의는 대한민국의 가치를 수호하고 보수(保守 그리고 補修)하는 이념인 것이다."098

주목할 발언이 아닐 수 없다.

3) 진보우파

그러면 진보우파는 보수우파와 무엇이 다른가. 황성준의 책 「추천사」에서 정규재는 이렇게 말한다.

"'진정한 보수'를 우리는 진보라고 불러야 마땅하다. '보수'야말로 진보를 만들어낸다. 87년 6월항쟁을 만들어 낸 힘의 근원조차 보수의

---

098 황성준, 8~9쪽

힘이었을 뿐이다. 대한민국에서는 보수 아닌 그 어떤 세력도 단 일보라도 진보를 만들어 왔던 적이 없다. 대한민국을 정의가 실패하고 불의가 승리한 역사라고 생각하는 것은 사이비 진보라고 조차 불러서는 안 된다... 이승만, 박정희 등 근대화 세력들이 봉건세력을 꺾고 대한민국의 미래를 떠안게 되었던, 바로 그 순간 대한민국의 '진정한 진보'가 만들어가는 진보의 역사는 시작되었던 것이다."[099]

정규재는 보수야말로 진정한 진보라고 말한다. 이는 좌파를 진보라고 말하는 것과 정반대이다. 그런 점에서 어쩌면 보수우파와 진보우파는 사실상 같은 주체일지도 모른다. 하지만 어떤 점에서 그 둘은 갈라진다. 그것은 무엇인가. 보수우파와 진보우파의 차이는 바로 자기 의식에 있다. 한국의 보수우파는 소극적이고 방어적이다. 그에 반해 진보우파는 적극적이고 공격적이어야 한다. 보수우파는 좌파가 친일친미파 딱지만 붙이면 어쩔 줄 몰라 하며 회피하기에 급급하다. 과연 친일친미파 낙인은 적절한 것인가. 보수우파는 친일친미파인 것인가. 보수우파는 수구좌파의 프레임 공격에 대응을 하지 못하고 회피기동만 하고 있다.[100] 왜일까. 앞에서도 여러 번 지적했다시피 우파도 좌파와 마찬가지로 종족주의라는 집단주의 의식을 가지고 있기 때문이다.

---

099 황성준, 4쪽(정규재의 추천사)

100 수구좌파의 프레임은 '민족 대 외세'이다. 우파를 친일친미파로 본다. 하지만 우파는 여기에 대해 변명하기에 바쁠 뿐("이승만은 친일파가 아니다."라는 식으로) 자신만의 프레임을 가지고 있지 못하다. 우파는 프레임 전쟁에서 좌파에게 지고 있는 것이다.

그래서 친일친미파 공격만 받으면 당황하면서 수세에 몰리는 것이다.

하지만 근대화란 외부로 열리는 것이며, 외세와 관계를 맺는 일이다. 물론 그 관계의 양태는 여러 가지일 것이다. 거기에는 종속적인 것도 있고 주체적인 것도 있을 것이다. 이러한 차이를 구별하지 않고 근대화를 전부 외세와의 결탁이라고 부정하면 남는 것은 폐쇄적인 자멸밖에 없다. 그러한 폐쇄적 종족주의에 갇혀 있는 것이 바로 수구좌파인 것이다.

진보우파는 건국과 산업화를 넘어서, 다시 말해서 정치·경제적 근대화를 넘어서 사회문화적 근대화를 추구하는 세력이어야 한다. 사회적으로 개인주의를, 문화적으로 자아실현을 최고의 가치로 추구해야 한다는 말이다. 한국의 근대화가 정치·경제적 근대성과 사회문화적 근대성의 불균등 발전으로 이루어져 왔다는 것은 누차 지적했다. 진보우파는 이러한 불균등을 극복하고 한국 사회가 전반적으로 높은 수준으로 통합된 근대사회가 되는 것을 기획하는 집단이어야 한다.

대한민국은 여러 결함에도 불구하고 한민족의 역사에서 이전에 찾아볼 수 없는 진보적인 국가이다. 대한민국은 인류 역사에서 가장 진보적인 근대문명을 한민족이 받아들여 세운 나라이기 때문이다. 대한민국의 이러한 성격은 민족사적 관점에서만 보면 이해할 수 없다. 대한민국의 가치는 문명사적 관점에서 보아야 제대로 알 수 있다. 대한민국은 박래품(舶來品)이 맞다. 물 건너온 것이지만 이를 잘 키우는 것이 우리의 과제이다. 앞서도 말했다시피 근대문명이 물 건너온 것이라는 사실 만으로 외세 침략의 산물로 모는 것은 구한말 수구파의 태도이며 이를 오늘날까지 계승하고 있는 좌파의 역사관인 것이다. 돌이켜보면 한자도 유교도 불교도 도자기도 모두 물 건너, 땅 건너온 것이다. 한국 역사는 우수한 외래문명을 받아들여 우리 것으로 만들어온 역사이며, 이는 자랑스러운 것이다. 외부로부터 온 것이라고 해서 배척하는 것은 옹졸한 타자혐오일 뿐이다.

앞서 보수우파와 진보우파의 차이는 의식의 차이라고 말했다. 보수우파는 대한민국의 진정한 가치를 의식하지 못하고 그냥 외부로부터 주어진 것으로, 기성품으로 자동적으로 받아들인다. 정치적 민주주의와 경제적 자본주의의 혜택을 누리는 것으로 만족하고 만다. 그리하여 진정한 근대사회는 정치·경제적 근대성만이 아니라 사회문화적 근대성을 갖출 때 완성된다는 사실을 알지 못한다. 정치·경제적으로는 우파지만 사회문화적으로는 좌파이기 때문이다. 몸은 우파지만 머리는 좌파인 것이다. 하드웨어는 우파지만 소프트웨어는 좌파인 것이다. 그래서 보수우파는 사실상 문화적으로는 좌파와 다르지 않다고 앞서 여러 번 지적하였다.[101]

진보우파가 보수우파와 달라야 하는 점은 바로 그러한 불균등을 넘어서 자유민주주의 체제에 걸맞은 사회·문화적 내용을 적극적으로 만

---

101 현실에서 정치·경제적 근대성을 누린다는 점에서는 좌파도 마찬가지이다. 다만 좌파는 이를 부르주아 민주주의라고 폄하하면서 혁명을 통해서 변화시켜야 한다고 말한다. 하지만 좌파가 꿈꾸는 사회주의는 현실에 존재하지 않으며, 그러한 기도는 빈번하게 역사 속에서 전근대사회로 회귀하고 만다. 좌파가 꿈꾸는 사회주의의 실체는 사실상 전근대의 농촌 공동체이기 때문이다.

들어가는 것이다. 정치적 민주주의와 경제적 자본주의와 사회적 개인주의와 문화적 자아실현이 인류 역사상 가장 진보적인 사상임을 인식하고 그것들을 하나로 통합시켜나가는 것이다. 이것이 진보우파의 가치이며 수구좌파는 물론이고 보수우파와도 차별화되는 지점이다. 그런 점에서 진보우파는 전투적이며 혁명적이어야 한다.

좌파 문화운동의 성격

좌파 문화운동의 키워드는 '민중'이다. 고로 좌파 문화운동은 곧 민중문화운동이라고 해도 좋다. 그러면 민중이란 무엇이며 민중문화란 무엇인가. 민중은 대체로 지배계급에 대응되는 피지배계급, 즉 억압받는 다수 인민을 가리킨다. 그러니까 권력을 기준으로 볼 때 사회는 지배계급인 엘리트와 피지배계급인 민중으로 이루어지는데, 민중문화는 이러한 민중을 주체로 하는 문화이다. 그런데 여기에서 민중을 주체로 한다는 것의 의미가 크게 둘로 구분된다. 하나는 '민중의 문화(culture of the people)'가 있고 다른 하나는 '민중을 위한 문화(culture for the people)'가 있다. 이 둘은 전혀 다르다. 전자는 전통적인 민중문화, 민속문화(folk culture)로서 주로 근대 이전의 농촌사회에서 다수 민중이 향유하는 문화를 가리킨다.[102] 그에 반해 민중을 위한 문화는 엘리트의 문

---

102 국립중앙박물관과 국립민속박물관의 구분은 이렇게 만들어진다. 정확하게 나누어지지는 않지만 대체로 국립중앙박물관은 엘리트 중심의 유물, 국립민속박물관은 민중 중심의 유물을 취급한다. 이처럼 박물관의 유형에도 엘리트와 민중의 구분은 알게 모르게 작동하고 있다.

화이다. 엘리트의 일부가 민중을 위하여, 민중을 주체로 내세우는 문화이다. 문화의 생산과 소비라는 관점에서 보면 민중의 문화는 민중이 생산하고 민중이 소비하는 문화이다. 그에 반해 민중을 위한 문화는 엘리트가 생산하고 엘리트가 소비한다.[103]

좌파 문화운동에서 말하는 민중문화는 후자, 즉 소수 엘리트가 민중을 위하여, 민중을 주체로 내세우는 문화이다. 여기에서 문제는 민중을 '위한'다는 것이 구체적으로 무엇을 의미하는가이다. 왜 민중을 위하는가. 물론 민중의 중요성을 부정할 수는 없다. 사회의 절대다수를 차지하는 민중의 삶은 소중하다. 그러면 민중이 역사의 주체라는 것은 무슨 의미인가. 절대다수를 차지하는 민중이 역사의 최종적인 결정자라는 뜻인가. 이러한 물음에 답하기 위해서는 엘리트와 민중의 관계를 살펴야만 한다.

역사의 주체는 엘리트인가 민중인가. 이는 간단하게 답할 수 없는 오래되고 복잡한 문제이다. 물론 역사는 그 전체상(全體像)으로 볼 때 엘리트와 민중의 합작품이겠지만, 누구를 더 강조하는가에 따라서 사관(史觀)이 달라지게 마련이다. 귀족 같은 지배계급을 중심으로 역사를 보면 엘리트사관이고, 민중을 중심으로 보면 민중사관이 된다. 예컨대 조선시대를 양반 사대부 관료사회라고 보면 엘리트사관이고 소농사회(小農社會)라고 보면 민중사관이 된다. 대체로 우파는 지배계급 중

---

103 물론 민중문화 운동가들은 '민중을 위한 문화'를 민중이 소비해야 한다고 말하지만, 이는 실제 소수에 불과하고 오늘날 대다수의 민중이 소비하는 문화는 대중문화(popular culture)이다.

심의 엘리트사관을, 좌파는 피지배계급 중심의 민중사관을 가진다.[104]

앞서 좌파의 문화운동은 '민중의 문화'가 아니라 '민중을 위한 문화'를 가리킨다고 했다. 여기에서 핵심은 엘리트가 어떻게 민중을 위한 문화를 담지할 수 있는가이다. 이것은 달리 말하면 당사자성(性)과 대리자성(性)의 문제이다. 어떤 주체가 스스로 자기 이익을 말하면 그것은 당사자성을 가진다. 예컨대 장애인이 장애인 권익 운동을 하면 그것은 장애인 당사자 운동이 된다. 하지만 당사자가 아니라 엘리트가 누구를 대변하여 그들의 이익을 옹호하면 대리자 운동이 된다. 예컨대 한국의 위안부 운동은 위안부 자신이 아닌 좌파 엘리트들에 의한 대리자 운동인 것이다. 여기에서 당사자 운동은 옳고 대리자 운동은 옳지 않다는 이야기를 하려는 것이 아니다. 그것은 옳고 그름의 문제가 아니며 각각의 상황에 따라서 다양한 형태가 가능하다. 당연히 한국의 민중문화운동은 당사자 운동이 아니라 대리자 운동이다. 엘리트 지식인에 의해 추동된 '민중을 위한 문화' 운동인 것이다.

민중의 대리자성과 관련해서는 탈식민주의 이론에서 치열한 논쟁이 있다. 대표적인 것이 서발턴(subaltern) 담론이라고 부르는 것이다. 서발턴은 하위주체라고도 번역하는데, 그냥 민중이라고 생각해도 별문제는 없다.[105] 서발턴 담론의 대표자인 가야트리 스피박(Gayatri Spivak)은

---

104 1970~80년대 한국에는 이른바 민중사학이 활발하게 일어났다. 이남희, 『민중 만들기』, 후마니타스, 2015, 81~87쪽 참조.

105 서발턴 문제의 원형은 사르트르의 '지식인론'이라고 할 수 있다. 사르트르는, 사회는 지배 계급과 피지배 계급이라는 두 계급으로 나뉘어져 있고, 지식인은 그 사이에 있는 계급인데, 노동자 등 피지배 계급은 자신들의 대표자를 배출할 능력이 없으므로 지식

'서발턴은 말할 수 있는가'라는 문제의식을 던졌다. 마찬가지로 민중운동에서도 똑같은 문제를 제기할 수 있다.

"역사상 많은 해방운동과 마찬가지로 민중운동은 여러 모순과 각종 긴장으로 점철되었다. 서발턴 연구가 가리키고 있는 '하위주체'와 비슷하게 민중운동에서 '민중'은 풍부하고 복합적인 의식과 자율성을 갖고 있는 것으로 이해된다. 하지만 민중 프로젝트의 정치적 유효성을 강조하기 위해 민중은 종종 오로지 억압 속에서 고통받는 개인들의 집합체가 되어야 했다. 이런 이중성은 민중이 이론적으로는 분명히 주체성을 가지고 있다지만 실천적으로는 혁명의 피(被)지도 대상으로서 지식인들의 지도를 받아야 한다는 모순을 낳았다. 지식인들은 민중의 혁명적 주체성을 확립하기 위해 앞장서서 지도해 나가야 할 필요성과 동시에 민중의 주체성과 자율성을 보장하기 위해 자신들의 존재를 부각시키지 말아야 할 상충되는 요구에 직면했다. 민중운동 안의 긴장을 유발한 핵심적인 사안 가운데 하나는 바로 이 문제였다."[106]

다시 말하면 한국의 민중운동은 민중의 당사자성과 엘리트에 의한 대리자성 사이에서 모순을 안고 있었다는 말이다. 이것은 사실 근본

인이 대신 해 주어야 한다고 주장했다. 참조: 사르트르, 박정자 옮김, 『지식인이란 무엇인가?』, 도서출판 인간, 1978.

106 이남희, 39쪽

적으로 해소될 수 없는 문제점이다. 그러한 모순에도 불구하고 민중
운동이 민중을 호출한 이유는 무엇인가. 그에 대해서 이남희는 이렇
게 말하고 있다.

"민중을 일관적이고 단일화된 정치적 정체성을 지닌 존재로 설명
하고 부각시키는 프로젝트였던 민중운동은 전형적인 한국의 포스트
식민주의적 현상이었다. 해방 이후 한국의 탈식민화 궤적은 많은 지
식인에게 한국사는 실패한 역사라는 인식을 초래했다. 이 책에서 필
자는 이것을 '역사 주체성의 위기'라 명명한다. 민중 담론은 바로 이
런 위기의식에서 비롯되었고, 민중운동의 지적 기반은 바로 민중 담
론이었다. 지식인과 학생들 사이에 만연해 있던 역사적 패배의식은
이들로 하여금 한국 근·현대사의 주요 사건을 비판적으로 재해석·재
평가하게 했다. 기존의 역사 서술에 이의를 제기하고 이를 다시 쓰는
과정에서 이들은 민중을 역사 발전과 사회 변혁을 이끌 수 있는 진정
한 주체로 파악했다."[107]

이남희는 한국의 민중운동이 '역사 주체성의 위기'로 인해 등장했
으며, 이런 과정에서 민중을 역사의 주체로 내세웠다고 말한다. 다시
말하면 한국의 좌파 엘리트들은 근대화 과정에서 자신들이 역사의 주
체가 되지 못했다는 위기의식을 느끼게 되었고, 그를 극복하기 위해

107　이남희, 23~24쪽

서 민중에 주목했다는 것이다. 그러면 민중은 왜 역사 주체성의 위기를 구원할 주체로 호출되었던 것일까. 한국 민중운동의 이해에는 이러한 물음이 핵심적이다.

원래 역사의 주체는 둘 뿐이다. 귀족과 부르주아지(시민계급). 귀족은 중세의 지배계급이고 부르주아지는 근대의 지배계급이다. 민중은? 정확하게 말하면 민중은 근대 낭만주의에 의해 '호출된' 주체이다. 그러니까 시민혁명으로 인해 권력이 귀족으로부터 부르주아지로 넘어가자 몰락한 귀족의 후예들은 '정신적 귀족'을 자처하며 예술의 세계로 도피했다. 그러한 정신적 귀족들에 의해 추진된 것이 바로 낭만주의 예술운동이었다. 낭만주의자들은 이전의 귀족계급 대신에 민중에게서 역사의 새로운 주체를 발견하고자 했다.

독일의 그림형제는 민담을 수집하고 연구했으며, 안데르센은 동화의 세계를 개척했다. 그들은 타락하고 몰락한 구 귀족계급 대신에 민중과 어린이에게서 순수한 영혼을 찾고자 했던 것이다. '어린이는 어른의 아버지'라는 신화도 이런 구도 속에서 만들어진다. 이러한 민중=어린이의 동일시에는 간단치 않은 정신적 구조가 내재되어 있다.[108] 이제 낭만주의자들은 그들의 세계를 노래함으로써 과거의 타락을 뉘우치고 정신적으로 새롭게 태어나고자 했다. 비록 현실에서는 패배했

---

108 민중을 어린이에 비유하는 것은 중세 사회에서 흔히 발견되는 관점이다. 민중은 계급적으로 취약한 어린이이고, 어린이는 발달적으로 미숙한 민중이기 때문이다. 그런 점에서 민중과 어린이는 동일시된다. 근대 동화가 낭만주의 운동으로부터 나온 것 역시 우연이 아니다. 참조: 마르트 로베르, 김치수 외 옮김,『기원의 소설, 소설의 기원』, 문학과지성사, 1999.

지만 정신적으로는 승리하고자 한 것이다. 예술은 그들이 발견한 새로운 영지(領地)였다. 서구에서 낭만주의 예술운동이 미친 영향은 매우 크고 광범위하다. 현대예술은 거의 이들의 후예라고 해도 과언이 아니다.

이를 한국의 민중문화운동과 비교해보면 여러 면에서 재미있는 점을 발견할 수 있다. 낭만주의와 민중문화운동의 공통점은 반근대주의·반합리주의라는 것이다. 한국의 민중운동이 민중을 주체로 호출한 것도 이러한 구조 때문이 아니었을까. 그러니까 역사적으로 패배한 계급인 전통적인 귀족은 더 이상 자신을 역사적 주체로 내세울 수 없다.(망국의 책임) 그렇다고 해서 근대 부르주아지의 지배를 받아들일 수도 없다. 왜? 그들은 여전히 귀족이고 부르주아지는 외세 의존 세력이니까. 그러면 그들이 자신을 대신해서 내세울 수 있는 주체는 누구일까. 그것은 민중이다. 그러니까 한국의 민중운동 역시 몰락한 귀족(양반 사대부)의 근대화에 대한 저항과 도전으로 볼 수 있다는 말이다. 한국의 민중운동을 주도한 엘리트(지식인과 대학생)와 조선 사대부의 유사성에 대해서는 너무 많은 지적이 있어서 일일이 거론하기가 힘들다. 그리고 이것은 결코 우연의 일치가 아니다.

"'민중'을 역사적으로 모호한 개념에서 역사와 정치의 주체라는 강력한 개념으로 탈바꿈시킴으로써, 운동권 학생과 지식인은 민중 중심의 미래 공동체를 기획했다... 민중의 형성은 또한 급속한 산업화와 근대화 과정에서 비롯한 깊은 소외감의 소산이기도 했다. 이 민중 만들기 과정은 하나의 담론적 실천으로서, 지배적인 국가 담론과 민족 정체성을 둘러싼 끊임없는 교섭, 논쟁, 그리고 전유(專有)를 수반했다."[109]

한마디로 민중(운동)은 산업화와 근대화 과정에서 생겨난 일종의 노스탤지어라는 것이다. 물론 하나의 예술운동으로서의 낭만주의를 높이 평가할 부분이 있듯이, 민중문화운동에도 긍정적인 면이 없지 않다. 그것을 정치적으로만 해석할 필요는 없을 것이다. 서구의 낭만주의는 합리주의에 기반한 근대사회가 상실한 신화와 상상력을 예술을 통해 되살리려는 시도였다. 그래서 낭만주의는 주로 예술 영역에 한정되었다. 윌리엄 모리스의 '미술공예운동'이나 야나기 무네요시의 '민예운동' 역시 낭만주의 운동의 일환으로 해석해야 한다. 윌리엄 모리스는 중세의 장인에게서, 야나기 무네요시는 식민지 조선의 무지랭이 민중에게서 최고 예술가의 얼굴을 발견한다. 그들은 중세의 집단주의 속에서 아름답게 통합된 문화의 이상향을 찾은 것이다.

결론적으로 한국의 민중문화운동은 좌파 엘리트들이 전근대의 공동체 사회를 이상으로 삼고 민중의 대리자를 자처하며, 근대화에 저항한 것이었다. 그들은 민중의 복화술사였다. 서구의 낭만주의와 한국의 민중문화운동의 차이점은 전자가 주로 사상과 예술 영역에 국한

109 이남희, 124쪽

되는 반면에, 후자는 강력한 정치운동으로 발전했다는 점이다. 그리고 민중을 이야기하지만 결국은 민중을 대리한 소수의 엘리트 지배로 귀결되고 마는 것이다. 이는 한국의 민주화 운동의 결말을 보면 알 수 있다. 문재인 정권을 거치면서 민주화 운동은 뚜렷하게 반동화 되었는데, 민주화 운동이 반동화 되었다는 것은 그것이 곧 좌파 엘리트에 의해 사유화되었다는 의미이다. 이것은 사회주의 운동의 결과와 완전히 동일하다. 이것이 민중문화운동의 전말이다.

우파 문화운동의 방향

우파 문화운동의 방향은 자유민주주의 체제를 재생산하는 것이다. 문화의 기능은 사회의 재생산이라고 했다. 따라서 우파 문화운동은 우파적인 사회를 재생산해야 한다. 하지만 현실은 그렇지 못하다. 그런 점에서 지금 한국은 자유민주주의 체제의 위기를 맞고 있다. 정확하게 말하면 자유민주주의 체제의 재생산 위기라고 할 수 있다. 그것은 여러 번 지적했듯이, 한국 사회가 정치·경제적 근대성에 부합되는 문화적 근대성을 만들어내지 못하고 있기 때문이다. 그러므로 우파 문화운동의 방향을 정치·경제적 근대성에 부합하는 문화적 근대성을 만들어내는 것이다. 문화적 근대성의 핵심적인 내용은 자유로운 개인의 자아실현이다. 자유민주주의 사회의 구성원 한 사람, 한 사람이 자신의 내적 가치를 실현하면서 자유롭고 행복하게 사는 것이다.

이것은 반대로 말하면 좌파 집단주의를 재생산하는 문화를 극복하는 것이다. 탈집단주의로 가야 한다는 말이다. 한국 좌파의 성격을 가장 잘 보여주는 단어는 '민족'과 '민중'인데, 이것이 곧 집단주의를 대표하는 언어이기 때문이다. 좌파는 사회를 구성하는 1차적인 관계, 즉 혈통과 향토에 기반한 전통적인 공동체(게마인샤프트)를 최고의 가치로 삼는다.[110] 그에 반해 우파는 1차적인 관계를 넘어서, 자유로운 개인들이 교환과 계약을 통해서 형성한 시장과 국가라는 2차적인 관계에 기반한 공동체(게젤샤프트)를 중시한다. 이렇게 보면 좌파와 우파의 대립은 단순히 사회주의와 자본주의, 민족 고유와 외래의 대립이 아니다. 앞서 밝혔듯이 한국 좌우대립의 본질은 체제와 이데올로기의 대립을 넘어서 전근대와 근대의 문명 대립이다. 다만 현전하는 한국의 이념 지형은 전근대와 근대라는 통시적 대립구조가 지금 여기에 공시적으로 배열되어있는 것일 뿐이다.

한국의 좌파가 정치·경제적으로 자유민주주의를 반대한다는 것은 결국 인민민주주의, 즉 정치적 인민주의와 경제적 사회주의를 추구하기 때문이다. 이러한 정치·경제적 인민민주주의[111]를 뒷받침하는 사회문화적 체제가 바로 집단주의이고 권위주의인 것이다. 물론 현실적으로는 한국의 좌파도 자유민주주의 체제하에 살고 있고, 그 경제적·정

---

110 나치 독일의 구호는 '피와 땅(Blut und Boden)'인데, 이는 사실 모든 전근대사회의 공통된 특징이다. 혈연과 향토라는 1차적 관계가 모든 사회적 관계를 지배한다. 이 점에서 조선 사회도 마찬가지이다.

111 인민민주주의는 인민이 지배하는 것이 아니라 인민의 이름으로 소수의 엘리트(공산당)가 지배하는 것이다. 이것이 '역사적 사회주의'의 실체이다. 한국 좌파의 민중주의 역시 소수의 엘리트(지식인)가 민중의 이름으로 지배하는 것이다. 한국의 386은 이를 잘 보여주고 있다.

치적 혜택을 누리고 있다. 그럼에도 불구하고 사회문화적으로는 여전히 전근대적인 가치(집단주의와 권위주의)를 추구하고 있는 것이다. 그런 점에서 좌파의 몸과 머리는 분열되어 있다고 할 수 있다. 그런데 우파도 이 점에서는 크게 다르지 않다는 데 문제의 심각성이 있다.

아무튼 한국 좌파의 성격은 전근대적인 집단주의인데, 이러한 집단주의를 재생산하는 것은 크게 두 가지이다. 하나는 종족주의이고 또 하나는 맹목적인 전통 숭배이다. 사실상 좌파가 말하는 민족주의는 종족주의이다. 좌파는 종족이라는 관점에서 모든 외래적인 것을 배척한다. 그래서 좌파는 근대를 외세의 침략이라고 본다. 한국의 좌파는 근대 자본주의를 넘어서는 것이 아니라 근대 자체를 부정한다. 그래서 나는 좌파를 반근대화 세력이라고 보는 것이다.

이러한 종족주의를 재생산하는 보조 이데올로기가 바로 맹목적인 전통 숭배이다. 예컨대 화폐나 광화문광장을 조선시대 인물이 채우고 있는 것은 보고 아무런 문제의식을 느끼지 못하는 사람을 나는 우파라고 생각하지 않는다. 세종과 이순신을 그냥 위대한 조상이라고만 생각한다면, 그는 근대국가가 무엇인가에 대해서 아무것도 모르는 사람이다. 그런 사람이 어떻게 자유민주주의자일 수 있는가. 이것은 전통을 존중하는가 아닌가의 문제가 아니다. 중국 문화대혁명기의 유교 전통 파괴나 아프간 탈레반의 석불 파괴 같은 역사 청산주의는 반대해야 하지만, 무분별한 전통 숭배 역시 경계해야 한다. 그것은 종종 과거와 현재의 차이에 대해 무감각하게 만들기 때문이다. 그렇게 되면 인류가 오랜 시간 투쟁을 통해 힘겹게 쌓아 올린 근대문명의 가치를 알아보지 못하게 된다.

역사에는 연속성 못지않게 단절도 있다. 얼마나 많은 사람들이 과거의 억압으로부터 벗어나기 위해 피 흘리며 투쟁했는지를 아는가. 단지 과거이고 조상이고 전통이라는 것만으로 역사를 그대로 받아들이는 것은 역사 속에서 그로부터 벗어나기 위해서 싸운 이들의 노력을 무시하는 것이며 모욕하는 것이다. 물론 무엇을 연속할 것이며 무엇을 단절할 것인가는 역사관과 의식의 문제이며 간단하게 답할 수 있는 것은 아니다. 맹목적인 전통 숭배가 문제인 이유도 바로 여기에 있다. 과거는 과거라는 사실 그 자체만으로 자동적인 숭배의 대상이 될 수 없다. 과거의 의미가 무엇인가를 결정하는 것은 지금 여기 현재의 가치와 판단일 수밖에 없다. 근대문명의 가치에 대해 무지하면서 자유민주주의자가 될 수는 없는 법이다. 다시 말하지만 이것은 일반적 의미에서 전통의 존중과는 전혀 다른 차원의 문제이다.

지금 한국 사회의 위기는 곧 정치·경제적 근대성의 재생산 위기와 다름없다. 그것은 정치·경제적 근대성을 재생산할 사회문화적 기제가 만들어지지 않았기 때문이다. 사회문화적 전근대성으로는 결코 정치·경제적 근대성을 재생산할 수 없다. 따라서 한국 우파의 과제는 정치·경제적 근대성을 재생산할 수 있는 사회문화적 근대성을 어떻게 창출할 수 있는가이다. 그러기 위해서는 집단주의를 재생산하는 문화와 싸워야 하고 맹목적인 전통 숭배를 경계해야 하며 자유롭고 존엄한 개인의 삶을 창조하는 문화를 만들어가야 한다. 우파 문화운동의 목표는 자유롭고 존엄한 개인이 자신의 실존적 삶에서 느끼는 기쁨과 보람을 고양하는 의미작용 체계를 만들어내는 것이다.

우파가 자랑스럽게 내세우는 산업화는 정확하게 말하면 경제적 근대성과 정치·사회·문화적 전근대성의 결합이 만들어낸 것이었다. 박정희 정권으로 대표되는 우파 권위주의 체제는 정치·사회·문화적 근대성을 배제한 채 오로지 경제적 근대성만을 추구했다. 물론 경제적 근대성은 대성공을 거뒀다. 하지만 그러한 과정에서 민주주의를 희생시킨 우파 권위주의의 근대화 드라이브에 대해 좌파의 도전이 있었는데, 이것이 이른바 '민주화 운동'이다. 한국의 산업화와 민주화에 대해서는 매우 다양한 역사적 해석과 논쟁이 있다.

우선 우파 권위주의가 민주주의를 희생시켰다는 비판은 맞다. 그리고 그에 대해 투쟁한 좌파의 민주화 운동은 그 자체로 정당하고 위대한 것이었다. 다만 당시 한국 사회가 과연 민주주의를 실천할 조건을 가지고 있었는가에 대해서는 근본적인 의문이 있다. 지금도 취약한 한국의 민주주의가 건국한지 불과 십여 년 뒤, 지금으로부터 몇십 년 전에 있었는가에 대해서는 매우 회의적이다. 그런 점에서 민주주의를 억압한 대가로 경제 발전을 이룬 것에 대해서는 입맛이 쓰기는 하지만 역사적으로 정당화될 수 있는 부분이 없지 않다. 이점에서 우리는 우파의 산업화 운동과 좌파의 민주화 운동을 보다 높은 차원에서 변증법적으로 종합하여 받아들일 필요가 있다. 그런 점에서 대한민국의 건국과 산업화 과정을 좌우의 대립만이 아니라 통합적인 관점에서 보려는 시각도 주목해야 한다.[112] 문제는 오히려 '민주화 이후'이다. 최장집은 민주화 이후 한국의 민주주의가 질적으로 더 나빠졌다고 비판하면서도 이렇게 말한다.

"한국에서 시민사회는 재산권 최우선의 원리나 시장과 경제적·사적 이익을 옹호하는 목적이 아니라, 중앙집중화된 정치 권력에 반하여 민주주의와 민주적·공적 영역을 수호하기 위한 투쟁을 그 핵심 내용으로 하여 형성되었다고 할 수 있다. 따라서 한국에서 시민사회는 약한 자유주의적 내용을 갖지만, 반면 매우 강한 민주주의적 전통에 뿌리를 두고 있다. 요컨대 한국적 조건에서 시민사회의 형성에는 운동의 맥락과 전통이 매우 중요했으며, 운동으로 표출되는 공적 정신 내지는 공공선의 가치가 압도적인 내용을 갖는 것이었다."[113]

하지만 이제 우리는 이러한 관점이 틀렸다는 것을 안다. 문재인 정권을 거치면서 한국의 민주화는 반동화 되었고, 이는 최장집의 분석과는 달리 한국의 민주화 운동이 공공선의 가치를 추구한 것이 아니었다는 것이 드러났기 때문이다. 한국의 민주화 운동은 386의 정파 권력으로 사유화되었고 이는 근대적인 것이 아니라 전근대적인 양상

---

112 이승렬, 『근대 시민의 형성과 대한민국』, 그물, 2021.

113 최장집, 『민주화 이후의 민주주의』, 후마니타스, 2002, 184쪽

에 가깝다. 따라서 한국의 민주화가 반동화된 근본적인 원인은 단지 민주주의 수준이 낮아서가 아니라 '한국 근대성의 한계' 때문이라고 보아야 한다. 거기에는 전근대적인 패거리는 있었지만 어떠한 근대적인 시민사회도 없었다. 한국 민주화의 한계를 결정하는 것은 정치경제적 차원이 아니라 문화적 근대성이라는 점이 분명해진 것이다. 이는 결국 한국의 근대화가 경제적인 측면에만 한정되었을 뿐 정치사회문화적 차원에서는 실현되지 못했음을 증명한다.

다시 말하지만 한국의 좌우대립은 정치경제적 대립일 뿐이다. 사회문화적으로는 좌와 우의 차이가 없다. 한국인은 좌와 우를 막론하고 모두 집단주의적이고 권위주의적이기 때문이다. 따라서 한국의 우파는 정치경제적으로는 우파일지 모르지만 사회문화적으로는 좌파이다. 그리고 보면 한국의 좌와 우를 나누는 기준은 과연 무엇일지 혼미해진다. 머리는 좌파지만 몸은 우파로 살아가는 사람을 '강남좌파'[114]라고 부르는데, 우파는 과연 이와 무엇이 다른가.

문제는 시간이 갈수록 '억압된 것의 귀환'이라고 불러야 할 전근대적 가치, 즉 집단주의가 강한 힘을 발휘한다는 것이다. 한국의 자유민주주의는 전근대적인 집단주의에 발목이 묶여 앞으로 나아가지 못하고 있다. 이를 극복하지 못하면 오히려 퇴행할 수도 있다. 중동 지역에서의 이슬람 근본주의로의 회귀나 남미에서의 좌파 포퓰리즘으

---

114 이런 좌파를 일컫는 말은 서구에도 많이 있다. 예컨대 암체어 좌파, 캐딜락 좌파, 샴페인 좌파, 캐비어 좌파...

로의 몰락이 바로 그 예이다. 한국의 정치경제적 근대화가 이룬 성취가 뒷걸음치지 않고 나아가기 위해서는 사회문화적 근대성이 뒷받침되어야 한다. 사회문화적 근대성은 자유로운 개인주의에 바탕해야 한다. 이것은 동아시아의 전통적인 집단주의 가치와 정면으로 충돌하는 것이다. 과연 정치경제사회문화 전 부문에 걸친 근대화 기획은 가능할까.

항공모함에서 항공기가 날아오르기 위해서는 캐터펄트(catapult)라는 사출 장치를 이용한다. 항공모함에서 사출된 항공기는 그 힘만으로 수 킬로미터를 날아간다. 하지만 그 이후에는 자체 동력으로 날아야 한다. 자체 동력이 없으면 바다에 추락하고 만다. 과연 한국의 자유민주주의 체제는 자체 동력을 가지고 있을까. 2023년 건국 75주년을 맞은 대한민국이 이제까지 비행할 수 있었던 것은 서방 자유민주주의 진영의 힘 때문이 아니었을까. 지금 한국 사회가 좌파에 의한 반동화를 맞고 있는 것은 자체의 힘으로 날 수 있는 동력이 없기 때문이 아닐까. 그러면 추락하는 길밖에 없다. 자유민주주의라는 정치경제적 체제를 유지하고 재생산해내는 동력, 그것은 사회문화적 근대성일 수밖에 없다. 그중에서도 핵심은 문화인 것이다. 근대화의 최종심급은 경제가 아니라 문화이다.

좌파는 반대한민국·반근대화 세력이다. 이에 대해 우파는 대한민국·근대화 세력임을 분명히 해야 한다. 좌파와 우파의 전선은 민주냐 독재냐, 민족이냐 외세냐가 되어서는 안 된다. 정명(正名)이 필요하고,

우파가 명명하는 권력이 되어야 한다. 이제까지는 좌파가 명명하는 권력이었고 우파는 그렇지 못했다.[115] 좌우대립은 이념 투쟁이며 사상 투쟁이다. 이는 곧 담론 투쟁이며 정명 투쟁임을 알아야 한다. 좌파가 수구이고 우파가 진보라는 사실을 강조해야 한다. 우파 자신부터 진보좌파, 보수우파라는 말을 쓰지 말아야 한다. 우파가 진보여야 한다. 민족과 민중이 아니라 자유와 민주가 진보의 가치임을 깨달아야 한다. 우파 문화운동은 이러한 의미에서 역사적 진보를 추구해야 한다.

14세기에 건국된 조선은 당시로는 가장 진보적인 사상인 송학(성리학)에 기반하여 건국된 나라였다. 500년간 지속되다가 결국 역사의 뒤안길로 사라졌다. 20세기에 건국된 대한민국은 인류 역사상 가장 진보적인 이념과 체제에 기반한 나라이다. 대한민국이 계승해야 하는 것은 조선이 아니라 이러한 역사의 진보적 태도이다. 좌파는 이러한 대한민국을 친일파가 세운 나라, 태어나지 말아야 할 나라, 미제국주의의 식민지라고 하면서 비판한다. 이러한 프레임에 말려 들어가면 안 된다. 이를 담론 투쟁을 통해서 극복하지 않으면 안 된다.

진보우파는 19세기 말의 개화파로부터 식민지기의 상층 지주 세력[116], 대한민국의 건국과 산업화 그리고 민주화[117]를 이끌어온 한국 근대

---

115 이제껏 좌파는 자신을 민족민중민주 진영이라고 정당화하고, 우파를 친일친미, 독재, 외세추종, 매판 세력이라고 명명하며 매도해왔다.

116 이승렬은 일제 시대의 김성수 등 호남 지주 세력의 성장이 이후 대한민국의 의회주의 발전에 기여한 부분을 조명하면서, 이들을 도덕적 민족주의의 관점에서 친일파라고 단죄(斷罪)하는 태도를 비판하고 근대화의 다양한 경로를 균형 있게 볼 것을 주문한다. 이승렬, 『근대 시민의 형성과 대한민국』 참조

117 민주화가 좌파의 공(功)인 것은 맞다. 하지만 이러한 민주화조차도 우파의 양보와 타협

화의 주역이다. 하지만 이제까지의 근대화가 주로 제도와 물질 중심의 '외재적 근대화'에 머물러온 점을 직시하고 이를 넘어서 의식과 정신의 '내재적 근대화'를 추진하는 주체가 되어야 한다.[118] 그리고 그러한 진보우파의 중심이 문화우파여야 한다. 그런 점에서 문화우파는 대한민국의 정체성을 재생산하는 진보 전위 세력이 되어야 한다. 좌파의 '민족 대 외세'의 프레임을 '반근대화 대 근대화'의 프레임으로 대체해야 한다.

근대가 진보다. 한국사에서 근대를 주도해온 것이 우파다. 좌파를 가리켜 진보라고 부르는 것은 언어도단이다. 우파 문화운동은 좌파만이 아니라 과거 우파 권위주의 정권과 협력해온 세력들, 관변단체, 국가주의 우파[119]와도 결별해야 한다. 역사적 한계를 감안한다 하더라도 그들은 진정한 우파가 아니다. 우파 문화운동이 과거 국가주의 우파로의 귀환을 의미해서는 절대 안 된다. 진정한 진보로서 자신을 자리매김해야 한다. 대한민국은 한민족 역사상 가장 진보적인 국가이며,

---

의 산물이라는 점에서 우파의 몫을 주장할 수 없는 것은 아니다. 인용문 10번 참조.

118 최 범, '다음 근대화? '외재적 근대화'를 넘어서 '내재적 근대화'로', 서래포럼 심포지엄『대한민국 75년, 근대의 길을 다시 묻다』, 2023. 6. 23. 출판문화회관 강당. 이 책 71쪽 참조 확인.

119 대체로 좌파는 민족, 우파는 국가를 강조한다. 둘 다 한국적 전체주의의 성분이라고 할 수 있는데, 우파 국가주의는 1948년에서 1980년대까지 우파 권위주의 통치 시절에 드러난 성격이라고 할 수 있다. 특히 박정희 정권은 경제 개발을 위해서 모든 요소를 동원했는데, 여기에는 많은 문화예술 요소들도 포함되었다. 〈문예진흥법〉 같은 것이 대표적이었다. 당시로는 제한된 자원을 집중해야 하고 아직 자유민주주의에 대한 이해가 부족한 상황이었기 때문에 이해할 수 있지만, 이러한 국가주의를 더 이상 지속할 수는 없다. 국가주의 우파란 이런 시대에 동원되고 호응한 우파 집단을 가리킨다. 한국 우파는 국가주의 우파로부터 자유주의 우파로 거듭 나야 한다.

그것은 대한민국이 인류 역사상 가장 진보적인 자유민주주의 사상과 체제 위에서 세워진 나라이기 때문이다. 우파 문화운동은 바로 이러한 대한민국의 자유민주주의 제체를 재생산하는 것이어야 한다. 그렇지 않다면 우파 문화운동은 필요 없다.

2장

한국 근대 시각문화의 현실

대한민국은 없다

-공화국의 이미지란 무엇인가

왕국의 깃발 아래

청룡, 주작, 백호, 현무. 사신(四神)이 수놓인 깃발을 든 의장대가 도열해 있는 사이로 대통령이 걸어가고 있다. 2018년 조코 위도도 인도네시아 대통령이 방한했을 때 문재인 대통령은 창덕궁에서 공식 환영식을 베풀었다. 보도에 따르면 "청와대 관계자는 이날 브리핑에서 "보통 청와대 대정원에서 진행했던 공식 환영식을 창덕궁으로 옮겨서 처음 시행했다"며 "우리나라 대통령이 외국을 국빈 방문하면 그 나라 전통 고궁 또는 대통령궁에서 환영식이 치러졌다"고 말했다. 보편적인 국제관례에 따른 것이라는 설명이다. 그는 이어 "각국 대통령궁은 대체로 수 백 년 이상의 역사를 가진 전통 고궁들이다. 우리도 외빈이 왔을 때 전통 고궁, 고유문화를 홍보하는 효과도 있다"며 "과거 조선시대 때 외빈들이 왔을 때 공식 환영식을 했던 창덕궁에서 개최하는 게 어떠냐는 의견을 따라 이번에 처음으로 창덕궁에서 시행하게 됐

2018년 한국을 방문한 조코 위도도 인도네시아 대통령과 함께 문재인 대통령이 창덕궁에서 전통 의장대를 사열하고 있다.(사진: 청와대 제공)

다"고 배경을 설명했다."[120]

　이날 행사는 조선식과 한국식의 혼합이었다. 의장대 사열은 각기 조선식과 한국식, 축하 공연은 조선의 궁중무용이었다. 그런데 이 행사는 국가 차원의 공식 의례와 전통문화 체험을 혼동한 것에 문제가 있다. 의장대 사열은 상대국의 원수에게 자국의 군대를 보여주는 것인데, 비록 일시적이고 가상적이나마 상대국에게 자국군의 지휘권을 넘기는 제스처를 취함으로써 평화의 메시지를 전달하는 근대국가의 오래된 관례이다. 따라서 이것은 국제정치적 행위이지 문화적 행위가 아니다. 다시 말해서 의장대 사열에서 조선의 군대와 한국의 군대가 함께 있을 수 없는 것이다. 이것은 조선과 한국이라는 두 국가가 인도네시아를 상대로 한다는 것인데, 말이 되지 않는다. 이것은 한국과 인

120 〈한겨레〉, 2018년 9월 1일

도네시아 양국의 관계이지 조선과 한국과 인도네시아 3국의 관계가 아니다. 조선군 의장대가 실제 조선군이 아니라 조선군 역할놀이를 하는 한국군이기는 하지만 그렇더라도 역시 말이 되지 않는다. 이것은 어디까지나 상징적인 실제 행위이기 때문이다. 물론 조선은 더 이상 존재하지도 않은 국가이지만 말이다.

미국의 경우 국가 행사에 독립전쟁 당시의 복장을 한 의장대가 등장하는 경우가 있는데, 이들은 당연히 미합중국 군대의 일부이지 영국 군대가 아니다. 미국 의장대가 시기별로 다른 제복을 입은 병사로 구성되는 것과 조선과 한국의 의장대가 함께 행사를 하는 것은 전혀 다른 것이다. 전자는 같은 나라 군대이고 후자는 다른 나라 군대이다. 조선의 궁중무용 역시 문화 행사에서라면 몰라도 대한민국의 공식적인 국가 의례에는 등장할 수 없는 것이다. 국가 의례와 전통문화 체험은 엄연히 구분되어야 한다. 인도네시아 대통령의 국빈 방문에 따른 공식 환영식은 국가 간의 외교 행위이지 문화 교류가 아니기 때문이다. 그러므로 여기에는 대한민국에 속하지 않는 것이 들어와서는 안 된다. 조선은 대한민국이 아니다.

차라리 조선시대의 왕궁에서 행사를 한 것 자체는 문제가 되지 않는다. 정확하게 말하면 창덕궁은 더 이상 왕궁이 아닌 문화유산이자 관광지이기 때문이다. 청와대 관계자가 말한 외국의 고궁이나 대통령궁 사례라는 것도 오해할 가능성이 있다. 영국의 경우 외형적으로 군주국이기 때문에 왕궁인 버킹엄궁이 국가 행사에 사용되는 것은 당연하다. 그런데 영국 이외의 많은 국가들, 왕국이 아닌 공화국들에서도 전통 궁전을 대통령궁으로 사용하는 것은 사실인데, 이때의 왕궁은 더 이상 현재적 의미에서의 왕궁이 아닌 용도변경이 이루어진 건물일 뿐이다. 이는 발터 벤야민이 말하는 '기능전환(Umfunktionisierung)'으로 보면 된다. 따라서 대통령궁이라고 불리기는 하지만 그것은 한국의 청와대와 같은 것이다. 예컨대 프랑스의 엘리제궁은 원래 루이 16세의 왕궁이었지만 공화국이 들어서면서 대통령궁으로 기능전환이 이루어졌다. 따라서 엘리제궁과 창덕궁은 과거에는 왕궁이었지만 지금은 더 이상 왕궁이 아닌, 하나의 역사적 장소에 불과하기에 국가 정체성과 관련된 문제는 없다. 다만 인도네시아 대통령의 환영식에서 조선시대의 의장대 사열과 궁중무용 공연이 이루어짐으로써 일시적으로 조선 왕궁의 의미가 소환되었다고 볼 수는 있다. 이 역시 국가 정체성의 혼동이라는 대혼란의 일부임은 물론이다.

거대한 뿌리의 이름은

3·1운동 백주년을 한 해 앞둔 2018년 3월 1일 문재인 대통령 내외는 독립문 앞에서 태극기를 흔들며 만세를 불렀다. 이날 문재인 대통령은 "3·1운동이라는 이 거대한 뿌리는 결코 시들지 않는다. 이 거대한 뿌리가 한반도에서 평화와 번영의 나무를 튼튼하게 키워낼 것"이라고 하면서 "독도는 일본의 한반도 침탈 과정에서 가장 먼저 강점당한 우리 땅이다. 지금 일본이 그 사실을 부정하는 것은 제국주의 침략

에 대한 반성을 거부하는 것이나 다를 바 없다. 위안부 문제 해결에 있어서도 가해자인 일본 정부가 '끝났다'라고 말해서는 안 된다. 전쟁 시기에 있었던 반인륜적 인권범죄 행위는 끝났다는 말로 덮어지지 않는다. 불행한 역사일수록 그 역사를 기억하고 그 역사로부터 배우는 것만이 진정한 해결"이라고 말했다.

대통령이 말한 '거대한 뿌리'는 과연 무엇이었을까. 일제에의 저항? 그런데 참으로 아이러니한 것은 독립문 자체가 일본의 영향하에 세워진 것이라는 사실이다. 독립문은 서재필이 주도하고 독립협의가 중심이 되어 1897년에 건축되었다. 그것은 일본이 청일전쟁에서 승리한 뒤 시모노세키조약을 맺으면서 조선의 독립이 국제법상으로 확인된 것이 계기가 되었다.[121] 당시 서재필은 〈독립신문〉을 통해 조선이 청나라의 책봉 체제에서 벗어난 것을 상징하는 건축물이 필요함을 역설했다.

"조선이 몇 해를 청나라의 속국으로 있다가 하나님 덕에 독립이 되어 조선 대군주 폐하께서 지금은 세계의 제일 높은 임금들과 동등이 되시고, 조선 인민이 세계에서 자유로운 백성이 되었으니, 이런 경사를 그저 보고 지내는 것이 도리가 아니요, 조선 독립된 것을 세계에 광고도 하며, 또 조선 후생들에게도 이때에 조선이 분명하게 독립된

---

121 "양국은 조선이 완전한 자주독립국임을 인정한다." 시모노세키조약 제1항

것을 전하자는 표적이 있어야 할 터이요."[122]

그러니까 독립문은 일본으로부터의 독립이 아니라 청으로부터의 독립을 기념하기 위한 것이었다. 그런 만큼 조선시대에 명의 사신을 맞이하기 위해 있던 영은문(迎恩門)을 헐고 그 자리에 세운 것이었다. 이런 독립문 앞에서 3·1운동 기념행사를 치르면서 항일을 이야기한다? 이 정도의 기본적인 사실도 대한민국의 대통령이 모르고 있었단 말인가. 독립은 어떤 독립이든 무엇으로부터의 독립이든 상관없이 똑같다는 말인가. 이것은 과연 코미디인가 무엇인가. 이런 상황에서 김수영의 시 제목에서 가져왔을 '거대한 뿌리'가 의미하는 것은 민족이라는 대타자(大他者), 바로 그것인 것일까.

"전통은 아무리 더러운 전통이라도 좋다./ 나는 광화문
네거리에서 시구문의 진창을 연상하고 인환(寅煥)네
처갓집 옆의 지금은 매립한 개울에서 아낙네들이
양잿물 솥에 불을 지피며 빨래하던 시절을 생각하고
이 우울한 시대를 파라다이스처럼 생각한다./
버드 비숍 여사를 안 뒤부터는 썩어빠진 대한민국이
괴롭지 않다. 오히려 황송하다. 역사는 아무리
더러운 역사라도 좋다./ 진창은 아무리 더러운 진창이라도 좋다.

---

122 〈독립신문〉, 1896년 7월 4일

나에게 놋주발보다도 더 쨍쨍 울리는 추억이

있는 한 인간은 영원하고 사랑도 그렇다."[123]

정말 이런 것일까.

대한민국의 이미지

대한민국은 공화국이다. 공화국을 단지 왕국이 아니라는 형식적인 차원에서만 이해해서는 안 되지만, 그 단지 형식적인 차원에서만 보더라도 어쨌든 공화국은 왕국이 아닌 것이다. 그런데 공화국을 표방하는 대한민국에 과연 공화국이라는 의식과 이미지는 있는가. 앞의 예에서 보듯이 대한민국은 말로만 공화국이지 그 의식과 이미지는 왕국의 그것에서 한 치도 벗어나지 못하고 있지 않은가. 물론 개인에게 든 국가에게든 존재와 의식, 실재와 표상의 관계는 간단하지 않다. 존재와 의식이 일치하는 것을 참된 인식이라고 하고 그렇지 않은 것을 이데올로기라고 한다. 마찬가지로 실재와 표상이 상응하는 것은 진실이라고 하고 그렇지 못한 것을 거짓이라고 한다. 물론 이 둘의 완전한 일치는 그 둘을 정확히 정의내리기 힘든 만큼이나 어려운 일이지만, 그 간극의 정도가 지나치면 결코 정상적이라고 할 수 없다.

이런 관점에서 보면 대한민국의 경우에는 그 존재와 의식, 실재와 표상이 일치하기는커녕 거의 완벽하게 불일치한다. 존재는 공화국이

---

123 김수영, 『거대한 뿌리』 중에서

지만 의식은 왕국, 실재는 근대국가이지만 표상은 중세국가인 것이다. 아니 어쩌면 존재의 공화국, 실재의 근대국가라는 가정 자체가 틀린 것일지도 모른다. 대한민국의 경우에 '존재가 의식을 결정한다'라는 마르크스의 명제는 들어맞지 않는다. 반대로 의식이 존재를 결정하고 표상이 실재를 증명한다고 보아야 맞을지도 모른다.

국가의 의식과 표상은 다양하다. 언어적인 것도 있고 시각적인 것도 있고 '국가(國歌)'와 같이 청각적인 것도 있다. 언어적 표현으로 가장 명시적인 것은 '헌법'이다. 대한민국 헌법 제1조 1항은 "대한민국은 민주공화국이다"라고 되어 있다. 이것이 대한민국의 정체(政體)와 국체(國體)에 대한 규정이다. 성문법인 헌법은 그 자체로 대한민국에 대한 가장 공식적인 언어적 표현인 것이다. 그러나 언어적 표현 이외에도 다양한 시각적 표현이 있다. 대표적으로 국기와 국가 문장(국장), 대통령 문장, 정부 상징 등이 있다. 그런데 대한민국을 대표하는 상징들은 하나같이 태극 문양, 봉황 문양 등 봉건 왕조의 도상들이 들어가 있다. 이 점이 '공화국'이라는 언어적 표현과 상충된다.

태극기는 〈주역〉이라는 중국 전통 형이상학에 나오는 도상을 차용하고 있다. 이는 국장과 정부 상징[124]에도 마찬가지이다. 한국인들이 예로부터 태극 문양을 사랑한 것은 맞지만, 이것이 공예품이 아니라 국가 상징물에 사용되는 것은 이야기가 다르다. 거기에는 공화국과

---

124 2016년 3월 기존의 다양한 디자인 대신에 태극 문양을 넣어 통합된 새로운 정부 상징을 채택했다. 수 백 개의 정부 부처와 기관의 상징을 하나로 통합했다는 점에서 획일적이라는 비판이 일었다.

관련된 어떠한 의미도 들어 있지 않기 때문이다. 대통령 문장의 봉황 무늬도 마찬가지이다. 이러한 도상들은 하나 같이 왕국의 유산일 뿐 공화국의 표상이 될 수 없다. 게다가 광화문광장과 화폐에도 죄다 조선시대 인물들뿐이지 않은가 말이다.

이를 어떻게 이해해야 할까. 왕국이냐 공화국이냐, 이런 걸 일일이 따지지 말고 그냥 우리의 전통이라고 싸잡아 생각하면 되는 것일까. 그러나 위에서도 말했다시피 국가의 공식적인 차원과 전통문화는 구별해야 한다. 전통의 계승이 전통적인 통치 체제와 신분 제도, 세계관을 물려받는 것을 의미하는 것은 아닐 것이다. 아무리 전통이라도 다른 건 다른 것이고 조상이라도 남이면 남인 것이다. 이것을 혼동한다면 국가라는 것이 무슨 의미가 있고 체제를 이야기하는 것이 무슨 소용이 있다는 말인가.

오랜 역사를 가진 유럽 국가들의 경우 국가 상징에서 전통적인 요소를 많이 볼 수 있다. 성(城), 칼, 방패, 깃발, 사자, 독수리 같은 군주를 상징하는 도상이 들어간 문장(紋章)들이 그렇다. 하지만 이는 영국처럼 입헌군주국의 형태를 취하고 있는 국가들이나 그런 것이지, 근대 공화국의 모델인 프랑스의 경우에는 전혀 그렇지 않다. 프랑스 헌법 제1장 제2조는 공화국에 대한 규정으로 이루어져 있다. 그중 일부는 이렇다.

② 국가의 상징은 청, 백, 적의 삼색기다.

③ 국가(國歌)는 '라 마르세예즈'이다.

④ 공화국의 국시는 '자유, 평등, 박애'이다.

이처럼 프랑스 헌법은 공화국의 시각적·청각적·언어적 상징에 대해서 명확히 규정하고 있다. 하지만 우리 헌법에는 이런 부분이 없다 (개별법에는 일부 있다). 물론 이러한 차이는 단지 선택적인 것일 수도 있지만, 어쩌면 우리의 공화국이 실제로 눈에 보이지 않기 때문에 그런 것은 아닐까. 공화국이 눈에 보인다, 또는 보이지 않는다는 것은 무슨 말인가. 사실 민주주의는 행위의 영역으로서 눈에 보이지 않는다. 그러나 공화국은 형식의 문제로서 눈에 보일 수 있고 보여야 한다. 민주주의가 소프트웨어라면 공화국은 하드웨어라고 할 수 있지 않을까. 그러니까 소프트웨어인 민주주의는 눈에 보이지 않더라도 하드웨어인 공화국은 눈에 보여야 한다는 것이다. 그런데 과연 우리의 공화국은 눈에 보이는가.

근대국가와 민족주의

대한민국은 근대국가(modern state)이다. 근대국가는 15~18세기에 유럽에서 등장한 이래 세계로 퍼져나간 국가 형태로서 19세기 중반 일본을 필두로 하여 동아시아에도 도입되었다. 한국은 중세국가의 붕괴 이후 식민지 근대국가를 거쳐 20세기 후반에야 민족적 근대국가를 가지게 되었다. 근대국가의 대표적인 특징으로 흔히 '폭력의 독점'(막스

베버)을 드는데, 좀 더 정확하게는 이렇게 정의할 수 있겠다.

"근대국가는 상비군, 관료제, 조세 제도 등의 수단을 통해 일정한 지역 내에서 중앙 집중화된 권력을 행사함으로써 대내적으로는 사회 질서를 안정적으로 유지하고, 대외적으로는 다른 국가들과 경쟁하면서 이들로부터 배타적인 독립성을 주장하는 정치 조직 또는 정치 제도이다."[125]

아무튼 현재의 대한민국이 외형적으로나 기능적으로나 근대국가의 반열에 드는 것은 분명하다. 다만 문제는 앞서 지적한 것처럼 근대국가로서의 자기의식과 내면일 것이다. 특히 국기에서부터 정부 상징에 이르기까지 시각적 상징의 차원에서 전혀 근대국가적인 내용을 갖고 있지 못한 것을 그저 그럴 수도 있다거나 사소한 것으로 치부할 수는 없다. 어쩌면 시각 이미지야말로 근대국가 대한민국의 숨길 수 없는 무의식을 드러내는 것일지도 모른다. 그렇다면 실로 거기에는 근대국가 대한민국 형성의 비밀이 숨어 있는 것일 수도 있다. 내면으로 억압되어 드러날 수 없었던 그 무의식이, 거꾸로 가장 적나라한 시각적인 외양으로 드러날 수밖에 없는, 외양과 내면의 불일치라는 그 역설적인 구조의 모순을 통해서 말이다.

한국의 근대국가 수립 과정을 되돌아보면, 서세동점(西勢東漸)의 파고(波高) 속에서 주체적 근대화에 실패한 조선은 일본의 식민지가 됨으

---

125 김준석, 『근대국가』, 책세상, 2011, 14쪽

로써 식민지를 통해 최초로 근대국가(일본제국)를 경험한다. 그러나 그 것은 제국의 2등 국민으로서 매우 제한된 경험이었다. 일본으로부터 의 해방 이후에는 미국의 후견 하에 마침내 민족적 근대국가를 수립 하게 된다. 이러한 일련의 굴곡진 과정에서 강력한 내적 동력으로 작용한 것은 바로 민족주의였다. "민족주의는 일반적으로 민족의 생성, 동질성 유지, 번영을 목표로 하는 근대 이데올로기로 규정된다. 민족 주의는 근대국가의 이념적 기초가 되었으며 그것을 통하여 근대국가 는 통치의 정당성을 획득할 수 있었다."[126] 이 점에서는 한국도 예외가 아니었다. 아니, 오히려 가장 극단적인 형태를 보여주었다고 해도 과 언이 아니다. 근대화의 실패와 식민지 경험은 한국인들에게 민족주의 에 대한 열망을 갖게 했고 이는 근대국가 수립이라는 목표로 치닫게 만들었다. 다음 말마따나 한국의 민족주의는 민족국가 수립의 연료 그 자체였다.

"전근대에 존재하던 동족이나 그와 비슷한 것에 의지한 이질적 집 단들이 여러 가지 역사적인 복합적 과정을 거쳐서 근대에 들어와 그 들만의 국가를 열망할 때 비로소 민족이 탄생한다. 따라서 '민족 형성 의 과정이란 곧 국가 구성의 과정에 다른 것이 아니다.'"[127]

---

126 권혁범, 『민족주의는 죄악인가』, 생각의 나무, 2009, 75쪽
127 권혁범, 46쪽

하지만 한국의 민족주의는 아직도 목마르다. 왜냐하면 민족 통일이라는 지상의 과제를 남겨놓고 있기 때문이다. 그럼에도 불구하고 적어도 20세기 후반에 남북한이 각기 근대국가를 수립하는 데 성공한 것은 사실이다. 문제는 봉건국가의 붕괴로부터 근대국가를 수립하는 과정에서 한국인의 주체성이 매우 제한적으로 작용했다는 점이다. 중국으로부터의 독립은 일본에 의해 이루어졌고(청일전쟁), 일본으로부터 독립은 미국에 의해 이루어졌으며(2차대전), 대한민국의 건국 역시 미국의 절대적인 영향 하에서 가능했던 것이다. 일제에 대한 치열한 투쟁의 결과 우리 민족이 독립했다는 북한의 '조선혁명' 서사나 그것의 남한판 서사('동학혁명'에서 '촛불혁명'까지)는 역사적 사실이 아니다. 우리가 상상하는 그런 독립전쟁은 없었다. 항일무장투쟁이 일부 있었지만, 그 정도는 미약했다. 아무튼 이처럼 중세국가-식민지 근대국가-민족적 근대국가로 이어지는 역사 속에서 국체와 정체는 심하게 요동쳤으며, 어쩌면 그러한 혼란 속에서 한국인에게 연속된 정체성을 부여할 수 있는 유일한 원천은 '확대된 혈연가족'으로서의 민족과 그를 뒷받침하는 민족주의 밖에 없었다고 할 수 있을 것이다.

이것이 바로 한국의 민족주의가 왜 그렇게 강력한지를 설명해주는 이유이다. 이는 반대로 왜 한국의 근대국가 수립 과정에서 공화주의의 싹이 솟아날 수 없었는지를 이해할 수 있게 해주는 것이기도 하다. 따라서 한국의 근대국가는 오로지 민족주의를 통해서만 내적으로 통합될 수밖에 없었고, 민족주의가 요청한 '발명된 전통'(에릭 홉스봄)에 의해서만 과거와 연결될 수밖에 없었다. 그 결과 근대국가 한국은 스스로 건설한 공화국이라는 의식 자체가 매우 희박하다. 그러니까 한국의 국가는 비록 근대국가의 외형을 가지고 있지만, 그 의식의 실제적인 차원에서는 중세국가의 연장에 지나지 않는 것이다. 이것이 바로 대한민국의 이미지가 왜 그처럼 한결같이 중세적인가에 대한 설명이 된다. 헌법상의 국가와 실제상의 국가의 불일치. 몸은 공화국이지만 정신은 여전히 왕국으로부터 벗어나지 못하고 있는 현실이야말로 그 명백한 증거가 아닐까.

공화국 만들기

한국인들이 근대국가를 건설하는 과정에서 민족주의라는 통합의 기제는 불가피했을 수 있다. 적어도 민족주의는 전통적인 신분을 넘어서 민족 구성원의 내적 평등을 전제하고 있으니까 말이다. 하지만 '공공선(bonum publicum)'의 실현을 위한 '시민적 덕성(virtu civile)'이 뭔지를 모르는 상태에서 단순히 확대된 혈연공동체로서의 민족과 민족주의만으로는 제대로 된 근대국가가 만들어질 수 없다. 왜냐하면 그것이야말로 민족주의와 함께 근대국가의 골격을 이루는 공화주의의 핵심적 요체이기 때문이다. 따라서 한국과 같은 공화주의 없는 민족주의는 필연적으로 결손국가를 낳을 수밖에 없고 그것은 집단주의와 전체주의로 귀결될 뿐이다.

이러한 결손국가가 자기 정당화를 위해서 동원할 수 있는 것은 봉건적인 전통일 수밖에 없었다. 개화기의 애국계몽운동이나 근대 초기의 공화주의 운동 수준을 넘어선, 한국인 자신에 의한 최초의 본격적인 근대화 프로젝트라고 할 수 있는 박정희의 '조국 근대화 운동'도 충효사상과 향촌 공동체 의식과 같은 전통적인 이데올로기를 이용했다. 따라서 거기에서도 물질적인 차원에서의 근대화를 제외한 근대적인 정치 문화로서의 공화주의는 찾아볼 수 없다. 아직도 조선을 우리나라라고 말하는 사람들에게 공화국이 무엇인가를 어떻게 가르칠 수 있으랴.

대한민국은 1948년에 태어났지만 그것은 출발일 뿐이다. 대한민국의 기원과 정체성에 대해서는 여전히 8.15를 둘러싸고 해방(1945년)인가 건국(1948년)인가 하는 건국절 논쟁이거나 아니면 이승만과 김구 중에서 누가 국부인가 하는 국부 논쟁이 전부이다. 그 역시 따져야 할 일인지는 모르겠으나, 그 이전에 공화국으로서의 대한민국의 정체성은 무엇이며 무엇이어야 하는가에 대한 논쟁은 찾아볼 수 없다. 이런 현실에서 시각문화의 차원에서만 보면 대한민국은 없다. 근대국가 대한민국은 조선왕국의 이미지로 커버되어 있을 뿐이다.

박근혜 대통령 탄핵 정국에서 등장한 태극기 부대로 인해 역사상 처음으로 태극기에 대한 부정적 이미지가 만들어진 것은 매우 흥미로운 사실이라고 해야 할 듯싶다. 그러나 그 이전에 태극기가 과연 대한민국의 국기로 적합한가에 대한 물음이 던져져야 한다. 어쩌면 이러한 물음을 던지는 과정 자체가 미국이나 프랑스와 다른, 우리 방식의 공화국 만들기일지도 모른다. 민주주의가 완성되지 않듯이 공화국 역시 결코 완성되는 법이 없다. 그것은 하나의 과정이다. 공화국에 대한 시각적 상징은 그러한 과정에서의 한 지표일 것이다. 그러한 이미지를 찾아가는 과정이 바로 또 다른 차원에서의 대한민국 만들기일 것이기 때문이다. 공화국 역시 태어나는 것이 아니라 만들어지는 것이다.

민중미술의 근대성과 반근대성

민중미술의 역사화[128]

　민중미술을 역사화 하는 것은 민중미술을 역사적 공간 속에 위치시키는 것이다. 민중미술이 역사적 산물임은 말할 것도 없다. 다만 민중미술의 역사화는 감상적인 회고나 박제 행위가 아니다. 그것은 차라리 적극적인 평가 행위이다. 따라서 민중미술의 역사화는 단순한 찬

128　나는 이미 이러한 문제의식을 제기한 바 있다. "민중미술의 역사화가 필요하다. 민중미술의 역사화란 무엇일까. 첫째는 평가이다. 민중미술을 역사적 관점에서 평가해야 한다. 둘째는 실천적 계승이다. 이는 '역사적 민중미술' 속에서 죽은 것과 살아남은 것을 구분하여 죽은 것은 버리고 살아남은 것은 계속 살려나가는 것이다. 이처럼 민중미술의 역사화에는 평가적 의미와 실천적 의미가 모두 들어 있다. 하지만 역사화라 하더라도 '평가적' 역사화와 '실천적' 역사화는 다르다. '평가적' 역사화가 역사적 의미를 따지는 것이라면, '실천적' 역사화란 그것의 역사적 의미를 따져서 실천적 현재성 또는 현재적 실천성을 가늠하는 것이다. 그런 점에서 '실천적' 역사화란 계승일 수도 단절일 수도 있다. 역사적 평가에 근거하여 그 내용을 계승할 수도 있고, 더 이상 역사적 의미가 없다고 판단하여 단절·폐기할 수도 있는 것이다. 어느 것이든 모두 '실천적' 역사화라고 부를 수 있을 것이다. 다만 이러한 판단은 역사적 평가에 의존하는 만큼 민중미술에 대한 평가가 선행되어야 함은 물론이고, 그로부터 민중미술의 실천적 의미가 도출되어야 할 것이다. 그러기 위해서는 민중미술을 안에서만이 아니라 바깥에서도 들여다볼 수 있어야 한다." - 최 범, '미술과 주체: 민중/미술에서 공공/미술로', 부산민주항쟁기념사업회 주최, 〈6월 민주항쟁 33주년 기념 학술 심포지엄-지금 여기 왜 민중미술인가?〉(2020년 6월 25일~26일, 부산민주공원) 발표

양이나 부정과 거리가 멀다. 민중미술의 역사화는 민중미술을 비판적 거리를 두고 해석하고 평가하는 것이다. 그를 통해서 민중미술의 역사적 의미를 드러나게 하는 것이다.

민중미술을 역사화하기 위해서는 민중미술 바깥으로 나가야 한다. 민중미술 바깥에서 객관적으로 관찰해야 한다. 미술을 사회적·역사적 실천으로 보고자 한 민중미술 자체를 사회적·역사적 실천 속에서 보아야 한다. 그것이 민중미술을 역사화 하기 위한 일차적인 태도이다. 그동안 민중미술 담론은 주로 내적 시각에 머물렀다. 민중미술을 민중미술 자신의 언어로만 설명하고자 했다. 그런 점에서 기존의 민중미술 담론은 셀프 담론이었다. 이제는 민중미술에 대한 외적 담론이 필요하다. 민중미술의 외적 담론은 민중미술을 다른 언어로 번역하고 소통하는 것이다. 민중미술을 한국미술사, 나아가 한국 근대사의 층위에서도 그 의미를 규명하고 설명할 수 있어야 한다. 그런 점에서 그것은 민중미술의 메타 담론일 수밖에 없다. 그것이 민중미술의 역사화이고 민중미술에 대한 역사 비평이다.

민중미술의 역사화는 민중미술의 현재성을 묻는 것이기도 하다. 역사성이 반드시 과거하고만 관련된 것은 아니다. 현재 역시 역사의 일부로서 탐문되어야 한다. 그렇다면 오늘날 민중미술은 살아 있을까, 죽었을까. 살아 있다면 어디에 어떻게 살아 있고 죽었다면 언제 어떻게 죽었는가. 이에 대한 진단 역시 민중미술의 역사화를 통한 다각적인 검토에 의해서만 가능할 것이다. 이 또한 민중미술의 외적 담론이 필요한 이유이다.

민중미술은 한국 사회에서 보기 드물게 사회적 실천을 추구한 미술이었다. 민중미술이 추구한 것은 미술사적 맥락에서는 '발언'[129]이었고 사회적 층위에서는 '변혁'[130]이었다. 그러면 그러한 목표는 달성되었는가. 민중미술은 이제 분명 한국미술사에 당당히 등재되었고, 한국 사회 역시 그런 의미에서 민주화되었다. 6월항쟁(1987년) 35주년인 현재(2022년)가 그것을 증명한다. 민중미술은 기본적으로 한국의 민주화 운동 내에 배치된 미술 실천이었던 만큼 민주화 운동에 대한 평가와 분리될 수 없다. 그러나 지속적인 역사적 과정으로서의 민주화와 미술운동으로서 일정한 패키지[131]를 가진 민중미술을 동일선상에서 놓고 볼 수는 없다. 그래서 민중미술을 역사적으로 평가하기 위해서는 두 개의 역사적 렌즈가 필요하다. 하나는 한국미술사이고 또 하나는 한국 근대사이다. 이 두 개의 역사적 층위를 오르내리는 점층법과 점강법을 통해서 민중미술의 역사적 의미가 한결 입체적이고 뚜렷해지리라고 본다. 먼저 미술사적 접근부터 시작해보자.

---

129 발언은 물론 '현실과 발언' 동인을 염두에 둔 것이었다. 민중미술은 다양한 스펙트럼을 갖지만, 무엇보다도 먼저 사회적 현실에 대해 비판적 발언을 함으로써 개입하는 것은 목표로 했다. 이것은 '한국적 모더니즘' 미술의 사회적 침묵과 대조되는 것으로 그것을 비판하고 극복하려는 것이었다.

130 1980년대 사회운동의 성격 역시 여러 가지로 정의할 수 있지만, 가장 대표적인 것은 역시 '변혁'이다. 이것은 혁명의 당대적 표현이라고 할 수 있다.

131 미술운동으로서의 패키지란 서양의 아방가르드에서 볼 수 있듯이 선언(manifesto)과 강령(program)을 가진 의식적 기획으로서의 그것을 가리킨다.

미술사: 리얼리즘과 모더니즘

19세기 이후 서양 미술사는 리얼리즘과 모더니즘이라는 양대 사조로 이루어져 있다. 이 시기 서양 미술사는 리얼리즘을 한 축으로 하고, 그에 대한 안티로서의 모더니즘을 또 다른 한 축으로 한다. 따라서 서양 미술사에서 리얼리즘과 모더니즘은 어느 정도 시간적인 선후 관계에 있다. 하지만 한국미술사는 그 순서가 반대이다. 그러니까 모더니즘이 먼저고 리얼리즘이 나중에 나온다. 물론 20세기 초 수입된 서양 미술이 양식적으로는 리얼리즘이었으니까 정확하게 말하면 한국 근현대미술사의 시간적 계기는 리얼리즘-모더니즘-리얼리즘(민중미술)이 된다. 하지만 근대 초기의 리얼리즘은 서양 미술의 고전주의와 인상주의의 단순 모방이었을 뿐, 리얼리즘이라는 이름에 값할 만한 미학적 내용을 가지지 못했다. 사실 이 점은 모더니즘도 마찬가지이기는 하지만, 지금 내가 말하려는 민중미술을 중심으로 한 리얼리즘은 근대 초기의 리얼리즘과는 구분해야 한다는 것이다. 따라서 근대 초기의 리얼리즘을 논외로 한다면, 한국 근현대미술사를 모더니즘-리얼리즘의 순서로 잡는 것은 무리가 없다. 이런 순서 차이만으로도 서양 미술사와 한국미술사는 전혀 다른 구조와 지형을 가진다는 것을 짐작할 수 있다.

원래 서양 미술사에서 리얼리즘은 철학적 관념을 배경으로 한다. 서양 고대철학이 천착한 '실재(reality)'가 예술에서의 '현실(reality)'의 기원이다. 물론 철학에서 말하는 실재로부터 예술에서 말하는 현실이

나온 것은 사실이지만 그 둘이 같은 것은 아니다. 용어에 있어서도 철학적 실재를 탐구하는 경향은 실재론(Realism), 예술적 현실을 추구하는 것은 사실주의/현실주의/리얼리즘(Realism)이라고 부른다. 실재란, 플라톤 철학에서 볼 수 있듯이, 이 세계의 사물과 현상의 이면에 있는, 그것을 넘어서는 초월적이며 영원불멸하는 존재를 가리킨다. 따라서 실재는 눈으로 볼 수 없는 것이다. 하지만 미술은 눈에 보이는 것을 표현할 수밖에 없기 때문에, 예술적 리얼리즘은 철학적 리얼리즘(실재론)과 다를 수밖에 없다. 그럼에도 불구하고 그 둘은 밀접한 관계를 가지는데, 물론 그 관계는 복잡하다.

간단히 말해서 철학적 실재와 예술적 현실의 관계는 플라톤에서처럼 실재와 현상, 원본과 모방, 진짜와 가짜 같은 존재론적 위계의 구조를 갖기도 하고, 또 아리스토텔레스가 어떠한 실재도 감각적 물질을 통하지 않고서는 드러날 수도, 경험할 수도 없다고 보는 관점에서처럼, 본질(형상)과 현상(질료)은 분리되지 않으며, 따라서 존재론적 위상의 차이가 플라톤만큼 크지는 않다고 볼 수도 있다. 다시 말해서 플라톤에게서 실재와 현상은 원본과 모방, 진짜와 가짜의 차이만큼이나 전혀 다른 것이지만, 아리스토텔레스에게서 그것들은 사실상 한 몸을 이루고 있는 것이라고 할 수 있다. 실재는 물질 없이 드러날 수 없기 때문이다. 사람에 비유하자면 플라톤은 육체 없이도 영혼이 독자적으로 존재할 수 있다고 믿는 반면에, 아리스토텔레스는 육체가 없으면 영혼도 없다고 보는 것이다. 그래서 서양 철학사에서는 플라톤을 관념주의, 아리스토텔레스를 현실주의의 원조라고 부른다.

이런 철학적 배경을 가지는 서양 사상에서 예술의 미학적 원리는 '모방(mimesis)'과 '재현(representation)'이다. 그러니까 어떤 실재(본질)가 있고 그것을 베끼는 것이 모방으로서의 예술이라는 것이다. 이 경우 역시 실재와 모방 사이의 위계를 어떻게 설정하는가에 따라서, 모방으로서의 예술은 실재보다 열등한 것일 수도 있고, 잘 모방된(?) 예술은 사실상 실재의 담지체로서 실재와 다르지 않은 존재론적 위상을 가질 수도 있다. 서양 예술사에서 이러한 관계는 전자(열등함)로부터 후자(동일성)로 점차 이행해왔다고 볼 수 있다. 그리하여 마침내 19세기에 오면 미술은 단순히 실재를 베낀 열등한 모방물이 아니라, 바로 그 실재의 본질을 포착해낸 또 하나의 실재, 사실상 실재 그 자체로서 높이 평가받는다. 그리하여 비로소 본격적인 리얼리즘 예술이 등장하게 되는 것이다. 이제 예술은 실재의 열등한 모방이 아니라 실재 그 자체이며, 무엇보다도 실재를 생생하게 보여주는 진리의 위대한 담지체가 되는 것이다. 이것이 바로 근대 리얼리즘 미학의 요체이다. 미술사는 플라톤에 대한 아리스토텔레스의 승리의 역사이다.

따라서 19세기 리얼리즘은 객관주의 미학이다. 그것은 인식 주관에 따라 달라지지 않으며, 누구나 올바른 관점을 가지면 볼 수 있는 것이다. 따라서 그것은 고대 미술이나 중세 미술처럼 환상이나 상징을 필요로 하지 않으며, 동시대의 현실을 그대로 파악할 수 있다고 보는 것이다. "나는 천사를 그리지 않는다. 왜냐하면 천사를 본 적이 없기 때문에"라는 쿠르베의 말이 그것을 증명한다. 리얼리즘의 이러한 태도는 19세기의 과학주의와 무관하지 않을 것이다. 세계를 객관적으로 인식할 수 있다는 인간 이성에 대한 믿음, 과학기술의 발전에 의해 인간은 무한히 진보할 수 있을 것이라는 유토피아적 신념 등이 시대적 배경이 되었던 것이다. 이러한 것들이 모두 리얼리즘 예술의 현실적 토대였다고 보면 되지 않을까.

하지만 세기가 전환되고 20세기에 들어오면 이러한 믿음은 흔들린다. 하나의 절대적이고 완전하며 통합된 세계에 대한 믿음이 붕괴하고, 이제 불확실성과 상대주의가 대두된다. 양자역학이나 상대성 이론, 세계대전 등 과학과 인간 경험의 다양화가 삶의 파편화를 불러왔다. 이제 시대정신은 객관성이 아니라 주관성, 절대주의가 아니라 상대주의가 지배하게 된다. 이리하여 현실을 객관적으로 포착하고 재현할 수 있다는 리얼리즘 예술에의 신념이 붕괴된 자리에서 모더니즘 예술이 솟아났다. 그 배경을 철학자 이정우는 이렇게 설명한다.

"...도대체 '있는 그대로의' 현실이라는 것이 있을까? '객관적' 현실이라는 것이 있다 해도, 과연 그 현실에 대해 모든 사람이 승인할 수 있는 재현을 이룩할 수 있을까? 이런 의문이 제기된 것이죠. 실재 개념이 이렇게 흔들린 것은 니체의 생철학에 의한 전통 철학의 붕괴, 위상학과 상대성 이론, 베르크손의 지속철학 등에 의한 전통적 시공간 개념의 와해, 양자역학에 의한 전통적 자연관(특히 인과 개념)의 변환 등이 큰 역할을 했습니다. 이제 실재는 안정된 형상이나 법칙성으로 이해되기보다는 역동적이고 복잡하고 기묘한 그 무엇으로 이해되기 시작합니다. 물론 자본주의의 발달, 기술 문명의 팽배, 대중의 등장 등, 19세기 말 20세기 초의 사회-역사적 변화 또한 염두에 두어야 할 것입니다. 어쨌든 실재/현실을 객관적이고 완벽하게 재현하는 것은 불가능하다는 생각이 팽배하기 시작합니다. 이런 맥락에서 이제 예술은 실재/현실을 거울처럼 반영하기보다는 실재/현실의 기묘한 복합성을 포착하는 행위로 이해되기 시작한 것입니다. 초현실주의라는 말이 이러한 흐름을 잘 보여줍니다. 가까운듯하면서 멀고, 다 온듯하면 멀찍이 물러서는 미로를 묘사할 때의 카프카, 복합적 시각으로 사물의 다면성을 그려낸 피카소, 자유로운 악상으로 바다의 역동성을 들려 준 드뷔시 등에서 이러한 변화의 예를 볼 수 있습니다.”[132]

모더니즘은 기본적으로 이러한 시대를 배경으로 한다. 리얼리즘의 객관주의에 대해서 모더니즘은 주관주의, 절대성 대신에 상대성, 내용주의에 대해 형식주의를 우위에 둔 것이다. 그리하여 객관적 현실을 포착하려는 리얼리즘 대신에 개인적 경험의 인상으로 환원된 인상주의, 주관에 의해 형성된 관념의 세계로서의 상징주의, 시각의 상대성에 의해 생성된 입체주의 등이 모두 그러한 주관주의의 산물이다. 이제 19세기의 객관주의 시대는 가고 20세기의 주관주의 시대가 도래

132　이정우, 『가로지르기』, 민음사, 1997, 200~201쪽

하였다. 예술은 예술가의 주관과 내면의 산물이 된다. 모더니즘이 바로 이러한 시대의 사조인 것이다.

'한국적 리얼리즘'으로서의 민중미술

한국미술에서의 리얼리즘과 모더니즘은 서양 미술의 그것과는 전혀 다른 성격과 맥락을 갖는다. 가장 큰 차이점은 고유한 미학이 있는가의 여부이다. 예술 사조는 단순히 양식만으로 이루어지는 것은 아니다. 하나의 사조는 미학과 양식의 결합체이다. 따라서 양식이 곧 사조는 아니다. 설사 양식이 유사해도 미학이 다를 수 있고 동일한 미학도 다른 양식을 가질 수 있다. 20세기의 파시즘 미학이 독일과 러시아에서는 신고전주의 양식으로, 이탈리아에서는 모더니즘 양식으로 나타난 것이 그 한 사례이다.

한국 근현대미술의 경우 미학과 양식의 결합체로서의 사조를 찾아보기는 좀체 어렵다. 서양화 도입 초기의 리얼리즘은 서양 리얼리즘 양식의 소박한 모방일 뿐 그에 대응되는 미학을 가져오지는 못했다. 물론 그 이유는 서양 철학의 실재론이나 서양 근대의 객관적 합리주의 같은 것이 존재한 적이 없기 때문에 리얼리즘 미학이라는 것도 있을 수 없었던 것이다. 개화된 신문물로서 서양 미술이 도입되었다고는 하지만, 미술을 보는 관점은 여전히 전통적인 서화(書畵)나 여기(餘技) 의식을 벗어나지 못했다.

모더니즘 역시 마찬가지였다. 서양 미술에서처럼 리얼리즘의 안티로서의 모더니즘이란 애초에 성립될 수 없었다. 객관주의 자체가 없었는데, 그에 대한 안티테제로서의 주관주의라는 것이 있을 수 없었음은 말할 것도 없다. 기껏해야 외부 세계를 사실적으로 묘사한 리얼리즘은 시대에 뒤떨어진 촌스러운 것이고 구체적 형상이 없는 추상미술을 해야 진짜 현대적이라는 수준의 의식이 전부였다. 그래서 한국미술에서 리얼리즘과 모더니즘은 구상과 비구상(추상)이라는 형태적·양식적 대립 차원을 넘어서지 못했던 것이다. 따라서 리얼리즘도 두터운 질감의 서양 물감으로 사물을 사실적으로 실감나게 그린다는 수준이었지, 서양 리얼리즘 사조의 배후에 있는 객관적 실재와 사실적 형상의 관계 같은 것은 애초에 알지 못했던 것이다.

모더니즘 역시도 '한국적 모더니즘'이라는 표현에서 보듯이, 한국의 전통적인 미감(?)을 다소 단순화시킨 형태로 포착하는 수준을 넘어서지 못했다. 흔히 한국적 모더니즘의 원조로 꼽히는 김환기의 백자 항아리 그림을 보더라도, 거기에 무슨 모더니즘의 미학이 있는가. 모더니즘이라면 전통을 깨부수고 새로운 미학('새로움의 충격')을 창출하는 것인데, 조선 백자의 단아함을 칭송하는 모더니즘이라니. 백자 항아리를 스스로 집어 던져 깨는 것이 아니라, 전통의 상실이라는 미명하에 깨어진 백자 조각을 복원하려는 욕망은 모더니즘과 거리가 멀어도 한참 먼 것이다. 그것은 모더니즘의 제스처로 위장된 복고주의에 지나지 않는다. 이 역시 한국의 근대가 자생적이지 못했음을 보여주는 증좌일 것이다.

아무튼 리얼리즘이든 모더니즘이든 한국 근현대미술에서 그것들은 서양 미술의 한갓된 양식적 모방에 머물 뿐 자신의 고유한 미학을 가지지 않는다. 그래서 요즘 유행하는 표현을 빌리면 그것은 '영혼 없는(soulless)' 형식에 지나지 않았다. 설사 미학이 있었다 하더라도 그 역시 서양 예술미학의 수입물이었을 뿐, 한국의 현실 위에 구축되고 착상된 것이 아니었다. 한국 현실은 서양과 달랐고 한국미술은 서양 미술과 더욱 달랐다.

한국 예술이, 아니 그 이전에 한국 사회가 어떤 식으로든 자신의 현실을 객관적으로 처음 인식하게 되는 것은 1970~80년대에 이르러서였다. 이때 발견한 현실은 모순에 가득 찬 어떤 것이었다. 그것은 19세기 말 이후 주체적 근대화에 실패하고 식민지 근대화를 거치면서 진행되어온 후기 식민지 사회의 모습, 그것이었다. 그것은 권위주의적이고 폭력적이며 정체성을 상실한 현실이었다. 이러한 현실에 눈을 뜨고 모순을 깨닫게 된 사람들에 의한 비판과 저항과 투쟁이 전개되었다. 이것이 한국의 민주화 운동이다. 지식인과 대학생이 중심이 된 민주화 운동 세력은 한국 사회의 주요 모순을 민족 모순과 계급 모순으로 보았고, 이를 극복하기 위해서 투쟁했다. 6월항쟁은 그 절정이자 결정이었다.

이러한 현실 한가운데에서 새로운 미술도 등장하게 된다. 그것이 이른바 민중미술이라고 불리는 '한국적 리얼리즘'이다. 그러니까 간단히 도식화하자면, 한국미술은 근대 초기의 서양 리얼리즘의 양식적 모방으로서의 리얼리즘, 그다음으로 역시 서양 모더니즘의 양식적 모방으로서의 모더니즘이 이어지다가, 1970~80년대에 이르러 비로소 최초의 의식적이고 자생적인 리얼리즘인 민중미술이 등장하게 된 것이다. 민중미술이 이처럼 의식적이고 자생적인 미술이었다는 것은 민중미술이 단지 사실주의라는 양식만이 아니라 현실주의[133]라는 고유한 미학을 가진, 그리하여 이 땅에서 처음 등장한 미학과 양식의 결합체로서의 예술 사조였다는 것을 의미한다.

기존 한국미술의 모더니즘이 가진 비현실성과 관념성을 비판하면서 등장한 민중미술은 1969년의 '현실 동인', 1979년의 '현실과 발언' 동인으로부터 출발하여 1980년대에 들어오면서 본격적인 미술 운동으로 전개되었다. 이것이 한국 근현대미술사에서 최초로 의식적인, 자신의 현실을 객관적으로 의식하면서 등장하게 된 예술 행위이며, 이것이 바로 동시대의 리얼리즘으로서의 민중미술이었던 것이다. 그렇다면 한국 근현대미술사에서 최초로 '영혼을 가진' 예술인 리얼리즘, 민중미술이 가진 그 영혼의 내용은 무엇이었던가. 이것을 묻는 것이야말로 민중미술의 역사적 이해가 도달해야 할 핵심적 내용일 수밖에 없다.

---

133 민중미술의 리얼리즘 미학은 대체로 비판적 현실주의에서 민중적 현실주의로, 그리고 당파적 현실주의로 발전되는 것으로 이해되었다. 참조: 심광현, '80년대 미술운동의 쟁점과 90년대 미술문화의 전망', 『문화변동과 미술비평의 대응』, 시각과언어, 1994, 13~41쪽

민중미술의 근대성과 반근대성

민중미술이야말로 자의식적인 미술이라는 점에서 이전의 리얼리 즘이나 모더니즘과 달리, 한국 최초로 근대성을 획득한 미술이라고 보는 관점이 있다. 민중미술은 현실주의라는 미학과 사실주의라는 양 식이 결합된 리얼리즘[134]으로서, 진정한 의미에서 한국적 모더니즘의 안티테제로서의 한국적 리얼리즘이라고 할 수 있기 때문이다. 분명 그렇게 볼 수 있는 측면이 있다. 하지만 또 다른 측면에서 그러한 자 의식의 내용이 무엇이었는가, 그것은 정말 근대적이었는가를 재차 묻 지 않을 수 없다. 이러한 물음은 당연히 한국 근대성에 대한 규명과 뗄 수 없는 것이다. 한국미술사에서 민중미술이라는 이름으로 새겨진 리얼리즘 미술이 대면한 현실은 한국사 일반의 용어로 말하면 '식민 지 근대화'의 그것이라고 할 수 있다. 그러니까 민중미술은 한국 근대 의 이러한 성격을 문제적 현실로 인식하고 비판하고 변혁하고자 했던 것이다.

그러면 식민지 근대화란 무엇인가. 식민지 근대화에 관해서는 수많 은 논쟁이 있지만, 일단 그것은 말 그대로 한국의 근대가 식민지를 통 해서 이루어졌다는 것이다. 이는 19세기 말 한국 사회가 주체적 근대 화에 실패한 결과이다. 그런 점에서 식민지 근대화는 선택이라기보다 는 불가피한 것이었다고 볼 수 있다. 그런데 한국 사회에서 식민지 근

---

134 굳이 구분하자면 현실주의는 미학 개념, 사실주의는 양식 개념이며, 리얼리즘은 이 둘 이 통합된 사조 개념이라고 할 수 있다.

대화를 둘러싸고 벌어지는 이른바 '식근론 논쟁'은 주로 그 정당성을 둘러싸고 전개되었다. 그러니까 보수, 특히 '뉴라이트'라고 불리는 진영은 식민지 근대화의 현실을 수용하는 반면, 진보라고 불리는 민주화 운동 진영은 식민지 근대화의 사실과 성과 자체를 인정하지 않는 편이다. 이처럼 한국 근대의 성격을 둘러싼 시각의 차이가 바로 현대 한국 사회의 이념적 균열의 바탕을 이룬다고 할 수 있다. 따라서 한국의 좌우 대립은 단순히 진보와 보수의 대립이 아니라, 실로 그 내적 본질에서 식민지 근대화, 즉 한국의 근대화를 둘러싼 시각의 대립이라고 보아야 한다.

민주화 운동 진영은 식민지 근대화 세력을 반민족적·반민중적·외세 의존적이라고 비판했다. 민주화 운동의 부문 운동이라고 할 수 있는 민중미술 운동은 리얼리즘 미학에 바탕하여 이러한 현실을 비판하고 민족적·민중적·자주적 세계를 그리고자 했다. '한국적 모더니즘'이 이러한 현실을 외면하고 관념적인 미학 속에서 허우적대는 형식주의 미술이라고 보는 민중미술은 리얼리즘이야말로 구체적 현실을 진실한 형상을 통해 드러내는 내용주의 미술이어야 한다고 주장했다. 바로 이러한 점에서 일단 민중미술을 근대적 주체성을 가진 미술이라고 볼 수 있다. 말하자면 민중미술의 근대성은 주체성인데, 이때 주체성은 동시대성에 다름 아닌 것이다. 그러니까 민중미술은 낡은 리얼리즘이나 한국적 모더니즘과는 다른 한국적 리얼리즘으로서 동시대 한국의 현실을 다루는 미술인 것이다.

그런데 이러한 민중미술의 근대적 주체성은 또 다른 한편으로 커다란 모순과 역설을 안고 있는 것이기도 하다. 그것은 식민지 근대화에 대한 부정이 근대화 자체에 대한 부정으로 귀결되어버린 것이다. 반민족에 대한 민족 주체, 반민중에 대한 민중 찬양, 외세 의존에 대한 자주 강조는 분명 주체성 있는 태도로서 근대적이라고 할 수 있지만, 문제는 식민지 근대화에 대한 반발이, 그것을 넘어서는 주체적 근대화로 나아가기는커녕 거꾸로 근대 이전의 삶의 방식을 긍정하고 예찬하는 전(前)근대화 또는 반(反)근대화의 방향으로 나아갔다는 데 있다. 전통, 신명, 무속, 농촌 공동체, 덩실덩실, 얼쑤, 대동세상... 민중미술이 그려내는 민족과 민중의 모습에는 어떠한 모순과 갈등도 없으며, 거기에는 전통적인 공동체가 하나의 유토피아로서 제시되어 있다. 그런데 과연 그럴까.

소박한 리얼리즘과 한국적 모더니즘이 모두 식민지 근대화의 현실과 모순을 외면하고 관념적인 미학을 추구했다면, 민중미술은 전통사회와 공동체를 무비판적으로 이상화하는 또 하나의 관념에 빠져버린 것은 아닐까. 식민지 근대화에 대한 비판이 주체적 근대화로 나아가는 대신에 전근대 또는 반근대로 퇴행해버리고 마는 민중미술은 진정 주체적이고 근대적인 미술인가. 어쩌면 민중미술 또한 한국의 근대화가 넘어서지 못한 문턱, 즉 식민지 근대화의 함정에 빠져버린 것은 아닐까.

비주체적인 식민지 근대화가 많은 모순과 한계를 가진다는 것은 말할 필요도 없다. 식민지 근대화는 비록 자본주의의 발전을 가져왔지만, 또 다른 한편으로 권위주의 통치와 국가 폭력을 불러왔기 때문이다. 그러한 모순과 투쟁하고 한계를 극복하려는 것이 민주화 운동이었다. 6월항쟁은 바로 그러한 투쟁의 찬란한 성과였다. 민중미술 운동은 그러한 민주화 운동과 함께 했다. 하지만 이제는 그런 과정에서 민주화 운동과 민중미술 운동이 빠진 한계와 함정에 대해서도 직시하는 것이 필요하다. 그것은 말했듯이, 식민지 근대화에 대한 반발이 주체적 근대화로 나아가는 것이 아니라, 전근대적 삶과 공동체를 무비판적으로 긍정하고 미화하는 역방향으로 나아가게 만들었다는 사실이다. 여기에 민족과 전통은 선, 외세와 근대는 악이라는 이분법이 가로 놓여 있음은 말할 것도 없다. 한국의 민주화 운동과 그 부문 운동으로서의 민중미술 운동에 이러한 성격이 있음을 부정하기는 힘들다. 그리고 이러한 진단 속에서 비로소 민중미술에서 '산 것'과 '죽은 것'이 무엇인가를 묻는 것이 가능해진다.

서구 근대미술의 수용 이후, 이 땅의 현실에 뿌리 내리지 못하고 공허한 형식주의 놀음에 빠진 한국적 모더니즘이 비주체적인 미술이라면, 그러한 형식주의를 비판하고 한국적 현실을 대면하고자 한 현실주의 미학과 그렇게 파악된 현실을 사실적인 양식으로 표현함으로써 미술의 내용성과 서사성을 추구한 민중미술은 분명 한국 최초의 주체적인 근대미술로서 커다란 성과와 의의를 가진다고 말할 수 있다. 하지만 그러한 주체성의 구체적 내용이 대체로 전근대적이고 반근대적이라는 사실은 우리에게 또 다른 혼란을 안겨준다. 앞의 것은 진보적이지만 뒤의 것은 수구반동적이기 때문이다. 이처럼 민중미술에는 진보와 반동이 공존한다. 이는 결국 민중미술이 한국 근대성의 모순 공간이라는 사실을 말해준다.

우리는 한국 사회와 미술의 과제가 여전히 근대성의 언저리를 서성이고 있음을 발견하게 된다. 그리고 한국 근대의 현실과 과제가 결코 간단하지 않음을 새삼 확인하게 된다. 어쩌면 이것이야말로 6월항쟁 35주년을 맞아 생각해보아야 할 근본적인 문제일지도 모른다. '87년 체제의 극복'이라는 화두 역시 이러한 문제의식과 직결되어 있는 것이 아닐까. 당대의 현실주의 미술이고자 한 민중미술 역시 이로부터 자유롭지 못하다. 민중미술의 역사적 의미 또한 이러한 문제의식과 물음 속에서 규명되어야 할 것임은 분명하다. 무엇이 현실인가 하는 문제는, 그 대상이 사회든 예술이든 간에, 모든 사유하고 실천하는 주체에게 핵심적인 물음이 아닐 수 없기 때문이다.

문명에서 문명으로

-한국 건축문화에 대한 단상

돌의 제국에서

나이 50이 넘어 처음 가 본 프랑스 파리는 돌의 제국이었다. 유럽의 오래된 도시들이 다 그렇지만 기념비적인 대형 건축물이 많은 파리는 더욱 그랬다. 너무 늦게 간 탓인지 감흥은 조금 덜했다. 20대나 30대쯤 갔더라면 참 좋았을 뻔했는데. 아니 그래도 좋았다. 하지만 솔직히 나는 글로나 그림으로나 파리에 대해서 이미 많이 알고 있었던 것이다. 물론 백문이불여일견이라고 그 도시를 실제로 접하고 냄새를 맡는 것은 분명 다르다. 그럼에도 불구하고 뒤늦은⑺ 파리 방문은 사실 알고 있는 장소의 확인에 좀 더 가까웠다. 여기는 그랑 팔레, 저기는 프티 팔레, 알렉상드르 3세교, 에투알 개선문, 샹젤리제, 콩코르드광장...

1970년대에 지어진 퐁피두센터 역시 미술 잡지에서 많이 봤는데, 그 시절 지나간 미술 잡지만큼이나 이제는 고색창연한 유물이 된 듯하여 노스탤지어마저 느껴졌다. 퐁피두센터 내의 근대미술관에서 본 프랑스 신구상(nouvelle figuration) 회화들 역시, 마치 그 시절 미술 잡지를 들춰보는 듯한 기분을 선사했다. 제라르 프로망제, 자크 모노리, 질 아이요, 에두아르도 아로요, 발레리오 아다미, 마오쩌둥 시절의 중국 선전화풍을 모방한 그림을 많이 그린 아이슬란드 출신의 화가 에로(G. G. Erro)... 대학 1학년 때 서양화과 여학생이랑 같이 구경 갔던 구기동 서울미술관에서 본 그림들.

그래서 나의 파리 방문은 일종의 시간여행이었다. 물론 오늘날 여행이라는 것이 미디어에서 경험한 장소를 확인하는 과정에 지나지 않는다는 지적이 새삼스러운 것은 아니지만 말이다. 그건 그렇고 문제는 며칠 지나지도 않아서 이 거대한 돌집들과 견고한 돌의 도시가 조금씩 지루해지기 시작했다는 사실이다. 나는 이 아름다운 도시에 이내 싫증을 내기 시작했다. 왜 그럴까. 왜 나는 이 아름다운 도시를 즐기지 못할까. 내가 석조건축 문화권이 아닌 목조건축 문화권 출신이라서? 하지만 더 이상 한국도 목조건축 문화권은 아닌데. 한국도 이미 반죽된 돌이라고 할 수 있는 콘크리트에 뒤덮인 지 오래인데 말이다. 아무튼 그런 생각이 들면서 생뚱맞게 한국 전통건축이 그리워지기 시작했다. 돌의 도시에서 갑자기 나무집이 보고 싶어지는 것이 아닌가, 촌스럽게.

모처럼 파리에 왔는데 한옥을 그리워하다니? 나는 빼도 박도 못하는 조선인? 아니, 아니 그럴 리가 없지, 내가 제일 싫어하는 게 국수주의, 국뽕인데. 나는 외국 나가서도 김치 없으면 밥 못 먹는다는 사람을 제일 한심하게 생각한다. 마치 그래야 진짜 한국인이라는 듯이 구는 것도 정말 역겹다. 여행을 갔으면 현지 풍물을 즐겨야지, 그러지 않을 거면 여행은 왜 간 것일까, 나는 이리 생각하는 사람이다. 그런 내가 아이러니하게도 프랑스 파리에서 한옥을 그리워하는 이 상태(!)는 과연 무엇이란 말인가.

파주 출판도시에 가면 서호정사(西湖精舍)라는 자그마한 한옥이 한 채 있다. 전라도 정읍에 있던 가옥을 옮겨놓은 이 기와집은 이름 있는 건축가들이 설계한 건물들로 넘쳐나는 출판도시 초입 한편에 얌전하게 앉아 있는 홍일점 전통건축이다. 나는 가끔씩 그 건물을 둘러보기도 하고 툇마루에 앉아보기도 한다. 내게 한옥은 매우 익숙한 공간이다. 나는 어릴 적 한옥에 살아봤기 때문에 한옥의 특성을 잘 알고 있다. 한옥은 내 공간문화 체험의 원형 같은 것이라고 할 수 있다. 그래서 그런 것일지도 모른다. 나는 우리 전통건축인 한옥을, 그중에서도 양반집 사랑방을 가장 이상적인 공간으로 생각한다.

사실 나만 해도 전통사회의 끝자락을 살짝 경험한 사람이고, 어릴 적 시골 친척집에 가서 머리를 숙이고 기어들어가던 전통건축의 꾀죄죄한 방구석에 대한 구질구질한 추억도 없지 않다. 1950년대 후반생인 나는 거의 모든 종류의 한국 현대주택에서 살아본 경험이 있다. 한옥과 일식 적산가옥, 다세대주택과 불란서주택, 아파트에 이르기까지. 그럼에도 불구하고 한옥은 여전히 내 공간 체험의 원형으로서, 공간에 대한 나의 가치판단에 중요한 기준으로 작용하고 있다. 나는 한옥에 대한 노스탤지어를 가지고 있는 것이다.

나는 한옥을 사랑한다. 그러나 나는 한옥 예찬을 하려는 것이 아니다. 한옥은 나 또는 우리에게는 추억의 건축일 뿐 결코 동시대 건축으로서 재현될 수는 없다고 생각한다. 그래서 한옥에 대한 나의 관심은 한옥의 재현이나 또는 흔히 말하는 전통의 창조적 계승 같은 것이 아니다. 나에게 한옥은 문화 창조에 대한 하나의 참조점을 제공해주는 오브제일 뿐이다. 그러니까 나는 한옥이라는 건축 형태를 통해서 우리가 역사적으로 어떠한 조건 속에서 어떠한 문화를 만들어왔는지에 대한 어떤 역사적 상상력 내지는 교훈을 얻고자 하는 것이다.

한옥은 공감각적인 건축이다. 서양건축의 형태주의나 공간과는 다른 구조와 감각을 가진 건축 형태인 것이다. 하지만 말했다시피 나는 그러한 경험이 재현될 수 있다고 생각하지는 않는다. 대신에 우리 전통사회에서 그러한 공간의 창조와 경험이 어떻게 가능했는가에 대한 문화사적 접근에 관심이 있다. 이러한 한옥이라고 불리는 전통건축의 질적 수준이 어떻게 가능했는가에 대한 물음은 다시 오늘날 한국건축이 그러한 질적 수준에 어떻게 도달할 수 있는가에 대한 물음과 연결된다. 내가 한국건축과 관련하여 궁금한 것은 바로 이것이다. 우리는 어떻게 현대의 한옥이 아니라 그러한 창조를 재창조할 수 있을까.

'졸의 미학'

나는 한국 전통사회가 동아시아 문명의 주변부로서 뭐 그리 대단한 동네였다고는 생각하지 않는다. 위대한 민족문화 같은 것을 나는 헛소리로 치부한다. 하지만 그렇다고 해서 우리 전통문화가 별 볼일 없었다고도 생각하지도 않는다. 정확하게 말하면 동아시아 문명의 주변부로서 나름대로의 위상을 가지고 문화적 성취를 이뤘다고 생각한다. 그중에는 보잘 것 없는 것도 있고 뛰어난 것도 있다. 내가 우리 전통문화 중에서 가장 뛰어난 것으로 꼽는 것은 건축이다. 나는 한국 전통건축이 매우 뛰어난 조형적·공간적 품질을 가지고 있다고 본다. 물론 그것을 현대건축과 직접적으로 비교할 수는 없지만 말이다.

나는 항상 전통건축이 주는 탁월함에 대해 감탄해왔다. 그래서 전통건축의 그러한 탁월함이 어떻게 가능했을까 하는 것에 대해 궁금하게 생각해왔다. 물론 전통건축의 탁월함을 한국 문화의 탁월함으로 설명하면 간단한 일이기는 하다. 하지만 이것은 동어반복일 뿐 아니라 언제나 오늘날 기준의 자민족중심주의 이데올로기로 미끄러져 들어가기 때문에, 제대로 된 이해를 제공해주지 않는다. 내가 궁금해하는 것은 그러한 것을 가능하도록 해주는 좀 더 넓은 문화적인 맥락 또는 방법이다.

일단 나는 한국의 전통건축이 동아시아 문명 속에 오랜 시간 동안 벼려지고 익혀 온 어떤 특질의 결과라고 생각한다. 아마 거기에는 물질과 시간이라는 두 가지가 기본적인 조건으로 작용했을 것이라고 본다. 그러면서 나는 하나의 단서를 '졸(拙)의 미학'이라는 개념에서 찾아보고자 한다. '졸'이란 서투른 것, 못난 것을 가리킨다. 한국 전통문화는 대체로 '교(巧)'하거나 위엄장대하기보다는 '졸'하고 소탈 담백한 것이 많다. 물론 이러한 규정에 대한 반발도 있다. 가장 대표적인 것이 야나기 무네요시의 한국미를 둘러싼 논란이다. 야나기가 한국 예술의 특질로 '비애미'를 이야기한 바 있고, 이에 대한 한국인 논자들의 비판이 있었다. 웅대한 고구려 벽화를 보라, 하는 식이다. 이러한 반론도 물론 의미 있지만, 대체로는 민족주의에 기반한 감정적 반발에 가깝다고 나는 생각한다. 나는 야나기의 '비애미론' 자체를 그리 심각하게 받아들이지 않는다. 그저 한국 예술에 그런 면도 있다고 수긍하는 정도이다. 나는 야나기의 미학에서 핵심은 비애미가 아니라 '민예미(民藝美)'라고 보는데, 민예미는 오히려 (지나칠 정도로) 건강하고 긍정적이어서 부담스러울 정도이다. 아무튼 나는 야나기를 둘러싼 감정적인 반응들에 대해서는 별로 흥미가 없다. 그다지 건강하지 않고 민족 감정으로 인해 뒤틀린 것들이 많다고 보기 때문이다.[135]

아무튼 객관적으로 보면 한국 역사에서 '졸'한 것도 있고 '교'한 것도 있을 것이며 유치한 것도 있고 활달한 것도 있을 것이다. 하지만 그것을 동일한 역사적 지평에 줄줄이 늘어놓을 수는 없는 법이고 결국 어느 것이 더 지배적인가에 대해 판정을 해야 한다. 그럴 때 나는

---

135 야나기 무네요시를 어떻게 볼 것인가에 대해서는 다음을 참조할 것. 최 범, 「야나기 무네요시를 대하는 우리의 자세」, 『공예를 생각한다』, 안그라픽스, 2017. 121~128쪽

아무래도 '교'보다는 '졸'이 더 지배적인 특성이라고 판정할 수밖에 없다. 이것은 물론 역사적 원근법과 관련이 있다. 솔직히 우리는 과거의 시간을 역사적인 원근법을 무시한 채 완전히 동등한 무게로 다룰 수가 없다. 아무래도 가까운 역사가 먼 역사보다 더 중요한 법이다. 그것을 원근법적인 왜곡이라고 볼 수도 있지만 어느 정도 불가피한 것이다. 우리는 역사를 물리학적 시간으로 접근하는 것이 아니라 문화적 해석으로 받아들여야 하기 때문이다. 그래서 가까운 백 년이 먼천 년보다도 훨씬 더 중요하다. 그래서 조선 오백 년이 한국사 오천년보다 더 중요하다. 그리고 무엇보다도 한국 문화의 위대함을 내세우기 위해서 줄곧 고대로 달려가야만 하는 것은 아니다. 예컨대 나는 전통건축이 한국 문화 중에서도 가장 '졸'한 것이라고 보는데, 여기에 오히려 역설적인 위대함이 있다고 생각한다.

내가 생각하는 '졸'의 미학을 설명해주는 것이 대교약졸(大巧若拙) 개념이다. 대교약졸이란 '큰 솜씨는 마치 서툰 것처럼 보인다'라는 뜻으로 노자의 『도덕경』에 나오는 말인데, 이 역시 노자다운 역설적인 표현이라고 할 수 있겠다. 중문학자인 박석 교수는 그의 저서 『대교약졸』[136]에서 이 네 글자로 중국 문화의 특성을 설명할 수 있다고 주장한다. 그러면서 대교약졸 속에는 두 가지 의미가 있다고 말한다. "첫째는 인위적 기교와 자연스러움 가운데서 자연스러움을 더 높게 평가하고 그것을 지향한다는 의미가 있다. 이것은 세계의 여타 문화권, 그

---

136   박석, 『대교약졸』, 들녘, 2005.

가운데서 특히 서양 문화권과는 대별되는 중국 문화의 특징을 이해하는 데 매우 중요하다. 둘째는 시간의 흐름 속에 자연스러움과 인위적 기교미를 통합하면서 다시 자연스러움으로 회귀한다는 의미가 있다. 이것은 중국 문화사의 흐름을 이해하는 데 매우 큰 도움을 줄 것이다."[137]

그러면서 대교약졸의 아름다움을 정연된 소박미, 심오한 단순미, 숙성된 평담미, 분산된 통일미, 배경과의 조화미라는 다섯 가지 개념[138]으로 설명하고, 이를 문학, 회화, 음악, 건축, 태극권, 선종, 유교 등에 적용하여 설명하고 있다. 건축의 경우에는 서양건축이 입체적이고 중앙집중적인 공간을 중시하는 반면 중국 건축은 평면적이고 분산적인 공간을 선호한다는 것이다. 이 점은 한국건축도 마찬가지이다. 이렇게 박석 교수는 일단 대교약졸을 중국 문화의 특질로 설명하는데, 나중에는 한국 문화가 중국 문화보다 더욱 그러한 특질을 많이 가진다고 진단한다. 확실히 그런 것 같다. 비록 중국 건축이 서양건축에 비하면 '졸'할지 몰라도 한국건축에 비하여 훨씬 '교'한 것이 사실이다. 이는 자금성과 경복궁만을 비교해 봐도 알 수 있는 일이다. 그러므로 대교약졸의 관점에서 보면 한국 문화가 중국 문화보다 더 나아간 것이라고 할 수 있다.

---

137 박석, 44쪽
138 박석, 47쪽

문명과 문화

만일 내 주장대로 한국 전통건축의 탁월함이 '졸의 미학'의 결과라면, 다시 이러한 '졸의 미학'을 가능하게 했던 조건은 무엇이었다고 보아야 할까. 이것은 결국 문명적인 조건을 이야기하는 것이 된다. 그러니까 한국 전통건축은 한국 전통사회가 속했던 동아시아 문명이라는 외부성을 제외하고 설명될 수 없다. 이것은 오늘날 지배적인 일국사적 지평을 넘어서는 것이다. 그러므로 나는 한국 전통건축이 크게 봤을 때 동아시아 문명의 산물이며, 한국 사회가 거기에 적극적으로 참여함으로써 이루어낸 결과라고 본다. 그런 점에서 전통건축은 '졸의 미학'의 집대성이라고 할 수 있다.

전통건축에 대한 예찬은 넘친다. 하지만 나는 그것을 반복하고 싶지는 않다. 다만 나는 문명의 보편성과 문화의 특수성의 관계에 대해서 이야기하고 싶다. 한국 전통건축의 탁월함이 가능했던 것은 우리에게 그처럼 높은 문화적 안목과 수준이 있었기 때문이었겠지만, 그렇게만 설명하는 것은 너무 안일하다. 왜냐하면 지금 현실을 보면 나는 한국인들의 미적 수준을 도무지 신뢰할 수 없기 때문이다. 그래서 동어반복적인 설명을 벗어나기 위해서 나는 문명과 문화라는 짝말을 사용하고자 한다. 문명과 문화에 대한 개념은 매우 다양하다. 그런데 나는 국문학자 조동일의 분류에 동의한다.

"사람이 살아가면서 이룩한 가치관 및 그 실현 방식 가운데 포괄적인 성격의 상위개념이 문명이고, 개별적 특성을 지닌 하위개념이 문화이다. 문명은 여러 민족이나 국가가 공유한다. 문화는 민족이나 국가 또는 집단이나 지역에 따라 특수화되어 있다. 그러면서 문명과 문화는 공존하고 서로 영향을 준다."[139] 그리고 이러한 "문명은 공동문어와 보편종교를 공유하는 광범위한 공동체가 이루어낸 창조물이다."[140]

그러니까 조동일은 일단 중세를 기준으로 삼고 있기는 하지만 문명과 문화를 보편과 특수의 개념으로 설명한다. 문명은 일종의 보편인데, 그 기준은 공동문어와 보편종교라는 것이다. 동아시아 문명에서 공동문어는 한문(漢文)이며 보편종교는 대승불교와 유교이다. 유럽의 경우에 공동문어는 라틴어이며 보편종교는 기독교이다. 그러므로 조동일은 문명과 문화를 평면이 아닌 입체적인 구조로 파악하는 것이다. 문명은 문화의 선험적 조건이고 문화는 문명의 경험적 내용이다. 그래서 한국은 보편인 동아시아 문명에 참가하는 한에서 특수인 한국 문화를 가질 수 있는 것이다. 그런 점에서 보면 중국 역시도 동아시아 문명 속의 한 특수에 불과한 것이다. 거꾸로 중국도 한국이라는 특수의 참여 없이는 동아시아 문명의 본좌를 자처할 수 없는 것이다. 그 본좌조차도 사실은 하나의 특수에 지나지 않기 때문이다. 이처럼 문명과 문화는 상관적이다. 결국 문명 없이 문화 없고 문화 없이 문명

---

139   조동일, 『동아시아 문명론』, 지식산업사, 2010, 21~22쪽
140   조동일, 『국사 교과서 논란 넘어서기』, 지식산업사, 2015, 49쪽

없다. 나는 조동일의 이러한 구분이 상당히 설득력이 있다고 생각한다.

문명과 문화의 정치적 대응물은 제국과 속국이다. 문명의 정치적 형태는 제국이고 문화의 정치적 형태는 속국이다. 우리는 제국과 속국의 관계를 오로지 지배와 종속으로만 이해하는데 그것은 잘못이다. 물론 제국과 속국은 힘의 차이가 있으며 거기에는 당연히 지배와 종속이 따른다. 하지만 제국과 속국의 관계를 지배와 종속의 구조로만 보는 것은 지나치게 일면적이다. 제국이 속국을 지배하고 속국은 제국에 복종할 뿐만 아니라, 제국은 속국을 거느림으로써 제국이 되고 반대로 속국은 제국에 복종함으로써 인정을 받는다. 그러니까 제국과 속국이 평등한 관계는 결코 아니지만 거기에 일종의 호수성(互酬性)[141]이 존재하는 것은 당연하다. 완전한 평등이란 허구이겠지만, 모든 불평등이 반드시 불공정은 아니며, 거기에 어떠한 효율이나 이익이 전혀 없는 것도 아니다. 그러므로 오늘날 근대 민족주의의 관점에서 역사를 보는 것은 완전히 빗나가는 것이 된다.

아무튼 비록 불평등하기는 하지만, 그것도 일종의 참여라고 보자. 속국은 제국에의 참여를 통해 권력을 인정받을 뿐만 아니라 문명을 흡수하고 그러한 문명의 자기화로서 문화를 만들어가는 것이다. 나는 우리가 중국 제국과 문명, 몽골 제국과 문명, 일본 제국과 문명, 미국

---

141 가라타니 고진은 제국과 속국의 관계에는 호수성(互酬性), 즉 서로 주고받음이 존재한다고 본다. 고진이 말하는 제국은 제국주의와는 다르다. 참조: 가라타니 고진, 조영일 옮김, 『제국의 구조』, 도서출판 b, 2016.

제국과 문명과의 관계를 통해 한국 문화를 만들어왔다고 생각한다. 물론 그런 가운데에서 비참함이 없었던 것은 아니다. 하지만 그것은 모든 삶에서 마찬가지이다. 삶에서 비참함만이 없어야 된다고 주장할 수는 없다. 그러니까 역사는 비참함 가운데에서의 삶이며, 삶 가운데에서의 비참함인 것이다. 나는 우리가 제국(의 지배) 때문이 아니라, 어떤 면에서는 자주 제국 없이도 비참했다고 생각한다.

그러므로 나는 한국 전통건축의 탁월함 역시 그러한 과정의 결과라고 본다. 거기에는 물질적·정치적·제도적 비참함(삶의 결핍?)이 있으며, 그럼에도 불구하고, 그러한 비참하다면 비참하다고 할 조건들 속에서 이루어낸 높은 성취라고 본다. 그것은 어쩌면 이응노가 감옥 갇혀 있으면서 남은 밥알을 이겨 만든 작품이나 이중섭이 담배 은박지에 그린 그림에 견줄 수 있을 지도 모른다. 그것은 모두 어떤 옹색함, 한계들 속에서 이루어진 예술적 성취이며, 한국 전통건축 역시 마찬가지라고 할 수 있다. 그것이 '졸의 미학'의 위대함이라고 생각한다.

문명의 학습과 문화의 창조

오늘날 우리가 근대문명에 속한다는 것은 상식이다. 근대문명이란 대략 유럽에서 16세기경에 발원하여 지난 500년간 전세계화된 문명이다. 그러므로 우리 역시 여기에서 예외가 아니다. 물론 정확하게 말하면 우리는 전통의 동아시아 문명과 새로운 근대문명 사이에 끼어 있다고 할 수 있다. 그러므로 현재 한국은 문명의 전환기에 처해 있다고 볼 수 있으며 그런 점에서 문명적인 혼란을 겪고 있는 것이다. 우리의 경우 근대화는 대략 100여 년 전부터 시작되었고 주로 외형과 제도 차원에서 진행되었다. 그러니까 물질적인 부분은 빠르게 근대화되었지만 정신적인 부분은 여전히 전근대적이라고 생각한다. 그러므로 나는 지금 한국 사회가 일종의 부정교합의 상태에 있다고 본다. 물질과 정신의 불일치, '문화적 지체(cultural lag)'인 것이다. 그러면 이러한 상황을 어떻게 극복할 것인가. 나는 전통문명과 근대문명 사이에는 깊은 세계관의 단절이 있기 때문에, 그것이 쉽게 조화되거나 봉합될 수 있다고 생각하지 않는다. 그러면 결국 선택의 문제가 남는다. 전통문명의 지속이냐, 근대문명의 습득이냐. 답은 후자다.

이는 전통건축을 보는 관점에도 그대로 적용된다. 전통건축의 문제는 그동안 주로 전통의 계승이라는 측면에서 논의 되어왔다. 하지만 과연 전통건축의 문제는 전통의 계승과 관련된 것일까. 나는 그렇게 생각하지 않는다. 나는 전통의 계승이 아니라 전통의 창조가 중요하다고 보는데, 그것은 역시 우리가 문명론적인 단절을 겪고 있다고 생각하기 때문이다. 예컨대 전통건축의 계승이라는 문제는 대표적인 민족건축론자인 김홍식의 주된 관심사이다. 민족건축을 주창한 김홍식은 전통 계승의 일반적 방법으로 크게 형태에 의한 방법과 내용에 의한 방법을 구분하고 진정한 방법은 내용에 의한 것이어야 한다고 말한다. 그러면서 이렇게 지적한다.

"전통의 계승은 모양에서 찾는 것이 아니다. 예컨대 학교를 짓는 다고 할 때 옛날의 학교가 지닌 기능, 그 배치 및 형태 등과 그 이후 의 변화를 이해하고서, 현재의 학교가 그 기능에 있어서 어떻게 변화 하였는지를 이해해야만 진정한 의미의 전통이 계승된 학교를 지을 수 있다. 아무리 새로운 기능의 건물이 근대에 와서 생겨났다고 할지라 도 그것의 원시적인 상태로서의 모양이 전시대에 존재하는 것이며, 이러한 공간이 분화하면서 확대된 것이 바로 근대화의 방향이다."[142]

전통을 형태가 아니라 행태의 연속성 속에서 찾고자 하는 것은 옳 다. 그런데 문제는 그 행태라는 것 자체도 지속적인 것이 아니라 틀 자체가 바뀐다는 것이다. 그 틀이 바로 문명이다. 그러니까 김홍식이 말하는 교육도 전통사회와 근대사회에서는 그 의미와 목표가 근본적 으로 다를 수밖에 없다. 그것을 같은 교육이라고 말해도 될까 싶은 정 도로 이질적이다. 그러니까 교육이라는 행태 자체에도 인식론적, 실 천적 단절이 존재하는 것이다. 그러므로 어떻게 보면 교육이라는 연 속적 행위는 존재하지 않는다. 각 문명들 속에 배치된 그때그때마다 의 교육이라고 불리는 행위만이 존재할 뿐이다. 따라서 학교의 연속 성도 존재하지 않는다.

그래서 오늘날 한옥은 특색 건축일 수는 있어도 더 이상 전통의 계 승이나 현대건축의 대안이 될 수는 없다. 한옥 아파트, 한옥 호텔, 아 니 한옥 감옥을 지어도 좋다. 그러나 그런 것들은 한국 현대건축의 한

142 김홍식, 『민족건축론』, 한길사, 1987, 363쪽.

특수로서 존재할 뿐이다. 굳이 말하자면 나는 한옥의 현대화가 아니라 현대건축의 한옥화를 해야 한다고 본다. 물론 이때 말하는 현대건축의 한옥화는 전통건축의 요소나 형태를 적용하는 역사주의적 접근이 아닐 뿐 아니라 심지어 김홍식이 말하는 내용적 접근도 아닌, 앞에서 여러 차례 말한 방법, 즉 문명화 과정을 통한 문화의 창조를 의미하는 것이다. 이럴 때 한옥은 하나의 은유이자 역사적 참조사례일 뿐이다.

어쨌든 전통의 계승이라는 명제는 문화의 연속성을 전제로 하고 있지만, 지금 우리는 그러한 연속성을 보장해줄 문화의 상위 개념인 문명의 연속성 자체가 깨어진 상태이다. 그러니까 우리는 과거 동아시아 문명 내의 한국문화 속에서 전통을 찾지 말고 새로운 근대문명 내에서 그 하위단위로서 한국문화를 만들어내어야 하는 운명에 처해 있다. 그러니까 근대화된 한국문화를 창출해야 한다는 말이다. 그런 점에서 동도서기(東道西器)는 비겁한 변명일 뿐이다. 제대로 서도서기(西道西器)해야 한다. 민족주의를 주체적인 것인 양 생각하는 것도 버려야 한다. 과거 우리가 동아시아 문명을 적극 수용하였듯이 오늘날 서구 근대문명을 제대로 배우는 것만이 주체적인 것이다. 주체적인 것은 배타적이지 않고 수용적인 것이다. 그런 점에서 1980~90년대의 민족건축운동은 한국 현대건축사의 하나의 에피소드로 치부해야 한다.

문화는 문명의 반복에서 발생하는 차이이다. 과거 우리가 동아시아 문명의 반복을 통한 차이로서 한국문화를 만들어냈듯이, 지금 우리는 근대문명의 반복을 통해서 유의미한 차이인 한국문화를 만들어내야 하는 과제를 안고 있다. 그를 위해서는 "먼저 서양건축의 이론과 철학적 배경에 대한 철저한 공부가 필요하다. 서양건축의 도구적 개념과 언어 프레임을 통하지 않고 현대건축을 말하거나 실천하는 것은 불가능하다. 그다음 전통과 현대를 포함하는 우리 건축의 디자인 철학과 원리를 찾아내어 현대건축에 적용할 수 있도록 현대건축의 방법으로 코드화하고 이론화하는 일이 필요하다. 이것은 한국건축의 미완의 근대성을 완성해가는 중요한 출발점이 될 수 있다."[143]

그러므로 전통건축에 대한 해석 역시 어디까지나 서양건축의 언어를 통해서 이루어져야 한다. 우리는 흔히 전통건축을 그 자체의 언어로 설명해야 한다고 이야기하지만 그것은 가능하지 않다. 일단 그런 방식의 추체험 자체가 불가능하다. 어떤 식으로든지 전통건축을 이해하는 것은 지금 현재의 우리들이며, 그런 한에서 그것은 현재적인 언어에 의한 접근 밖에 가능하지 않다. 전통건축에는 당대적 언어라는 것 자체가 없었다. 건축 담론이 없었던 것이다. 그러므로 전통건축을 담론화 한다는 것 자체가 이미 서양건축적인 방법에 의한 것이라는 사실이다. 전통건축을 현대건축의 언어로 설명하는 것 자체가 전통에 대한 해석이자 재발견이며 창조적 계승이라고 할 수 있다. 모든 담론은 동시대적인 행위일 수밖에 없다.

나는 서구 근대의 반복 속에서의 유의미한 차이야말로 주체적이라고 주장했다. 내가 이상적으로 생각하는 전통건축의 특질이라는 것도 한국이 동아시아 문명 속에 적극적으로 참여하면서, 그것을 반복하는

---

143 이상헌, 『대한민국에 건축은 없다』, 효형출판, 2013, 170쪽.

가운데 창출해낸 의미 있는 차이라고 보기 때문이다. 그런데 현재 우리는 근대문명에의 태도가 어정쩡하다. 어찌 보면 머리부터 발끝까지 서구화·근대화된 것처럼 보이지만 한 길 속으로만 들어가 보면 아직 전혀 내지는 거의 근대화되지 않았다는 것이 나의 판단이다. 나는 아직 우리가 근대화되지 않았다고 생각한다. 근대화, 그것은 근대문명의 내면화이다.

나는 우리가 서구 근대문명을 흡수하고, 서구 근대건축의 전통을 소화한 뒤에 빚어낼 의미 있는 차이로서의 한국 현대건축이 어떤 것이 될지 매우 궁금하다. 그리고 그것은 단지 한국 전통건축을 계승하는 것이 아닌, 서구 근대문명과 근대건축을 계승하는 가운데 이루어질 수 있다고 생각한다. 거기에는 일종의 문명론적 단절이 필요한데, 오히려 이 부분이 잘 되지 않고 있다고 본다. 나는 문명의 학습 없이 문화의 창조는 가능하지 않다고 보며, 그래서 방법론적인 서구화가 필요하다고 본다. 우리가 전통건축에서 진짜 배워야 할 것은 바로 그것이라고 생각한다.

대한민국의 시간

대한민국 75년간 대략 우파와 좌파가 반반씩 집권했다. 그런 점에서 대한민국 역사는 의외로 공평했다. 하여, 이제는 우파와 좌파에 대해서 각기 성적표를 매길 수 있게 되었다. 나는 일단 우파의 판정승이라고 본다. 덩달아 한국 우파와 좌파의 성격도 분명히 알 수 있게 되었다. 우파는 권위주의, 좌파는 포퓰리즘이다. 그러니까 지난 75년간 한국은 싱가포르와 아르헨티나를 모두 경험한 셈이다.

이승만에서 전두환에 이르는 우파의 권위주의 통치는 카리스마에 의한 지배이자 대중독재로서 사회의 일부(노동자, 농민, 호남 등)를 희생시키는 대신에 총량적 발전을 가져왔다. 통치 과정에서의 희생은 총량적 발전에 의해 어느 정도는 사후적으로나마 보상이 되었다고 본다. 아무튼 우파의 권위주의 통치는 민주주의를 희생시키는 대신에 한국인을 배부르게 만들어주었다. 노무현 이후부터 꼽을 수 있는 좌파의 통치는 포퓰리즘적 성격을 뚜렷이 보여주는데, 이는 한국인을 책임 없이 권리만을 요구하는 폭민(暴民)으로 만들지 않았나 생각한다. 무엇보다도 좌파의 포퓰리즘 통치는 성장 없는 분배로서 지속 가능하지 않다는 것이 문제이다. 내가 대한민국 75년을 우파의 판정승으로 보는 이유는 여기에 있다.

결국 대한민국 75년은 한국인을 권위주의에 복종하는 순민(順民) 아니면 절제 없는 권리만을 요구하는 폭민으로 만들었을 뿐 제대로 된 근대 시민을 형성해내지 못했다. 솔직히 한국인은 카리스마에 의한 권위주의 통치를 좋아한다. 이는 오랜 집단주의 문화에 친화적이기 때문이다. 생활양식으로서의 민주주의는 한국인에게 낯설다. 주기적인 정권 교체가 가능하고 쿠데타가 일어나지 않는 정도가 한국이 도달한 민주주의의 수준이다. 과연 이를 넘어서는 '한국 민주주의 2.0'이 가능할 것인가. 쉽지 않아 보인다. 어쩌면 지금은 한국 민주주의의 '개와 늑대의 시간'이 아닐까. 다가오는 것이 무엇일지는 알 수 없다. 한국의 근대를 되돌아보아야 하는 이유도 여기에 있지 않을까. 문제는 근대다.

원고 출처

1-1. 한국의 근대와 문명전환, 〈서래포럼〉 발표(2022. 4. 29.)

1-2. 한국 근대 담론의 전개, 〈서래포럼〉 발표(2023. 1. 27.)

1-3. 다음 근대화?: '외재적 근대화'를 넘어서 '내재적 근대화'로, 〈서래포럼〉 심포지엄 '대한민국 75년, 근대의 길을 다시 묻다' 발표(2023. 6. 23.)

1-4. 자유민주주의의 위기와 문화, 〈(사)문화자유행동〉 창립 심포지엄 발표 (2023. 9. 12.)

2-1. 대한민국은 없다, 서현석 외, 독립잡지 〈옵.신〉 9호(2021.)

2-2. 민중미술의 근대성과 반근대성, 6월 민주항쟁 35년 기념전시 〈민중미술 2022: '출렁 일렁 꿈틀거리는'〉 부산민주공원, 2022. 5. 21.~7. 31. 도록

2-3. 문명에서 문명으로: 한국 건축문화에 대한 단상, 계간 〈건축평단〉,

2017년 겨울호

문제는 근대다

한국 근대의 문화적 의미

1판 1쇄 발행 | 2023년 11월 1일

지은이 | 최 범
펴낸이 | 안병훈

펴낸곳 | 도서출판 기파랑
등　록 | 2004. 12. 27 제300-2004-204호
주　소 | 서울시 종로구 대학로8가길 56 동승빌딩 301호　우편번호 03086
전　화 | 02-763-8996 편집부　02-3288-0077 영업마케팅부
팩　스 | 02-763-8936

이메일 | info@guiparang.com
홈페이지 | www.guiparang.com

ISBN 978-89-6523-506-4　03300